秦荣飞 | 蒙爱珍 | 潘露芬 | 马丽丽 主 编

U1019211

学前特殊儿童
综合主题教学活动设计（第二册）

XUEQIAN TESHU ERTONG
ZONGHE ZHUTI JIAOXUE HUODONG SHEJI（DI-ER CE）

广西教育出版社·南宁

图书在版编目（CIP）数据

学前特殊儿童综合主题教学活动设计. 第二册 / 秦荣飞等主编. -- 南宁 : 广西教育出版社, 2023.11（2024.7 重印）
ISBN 978-7-5435-9390-9

Ⅰ. ①学… Ⅱ. ①秦… Ⅲ. ①儿童教育-特殊教育-教学活动-教学设计 Ⅳ. ①G76

中国国家版本馆 CIP 数据核字(2023)第 219239 号

策　　划：苏　敏　曾令宪　钱艺琴　　装帧设计：杨　阳
责任编辑：粟　潇　王高阳　　技术支持：梁广浩　高欣宇
责任校对：陆婳澄　何　云　　责任技编：张　希

出 版 人：石立民
出版发行：广西教育出版社
地　　址：广西南宁市鲤湾路 8 号　　邮政编码：530022
电　　话：0771-5865797
本社网址：http://www.gxeph.com
电子信箱：gxeph@vip.163.com
印　　刷：广西民族印刷包装集团有限公司
开　　本：889mm×1194mm　1/16
印　　张：8.5
字　　数：245 千字
版　　次：2023 年 11 月第 1 版
印　　次：2024 年 7 月第 2 次印刷
书　　号：ISBN 978-7-5435-9390-9
定　　价：35.00 元

《学前特殊儿童综合主题教学活动设计（第二册）》编委会

前　言

2020 年 3 月，广西壮族自治区残疾人康复研究中心团队编写的《学前特殊儿童综合主题教学活动设计》出版。该书以培养和提高学前特殊儿童的社会适应能力为重点，运用综合主题教学法，以大量康复教育教学活动实例为基础，以学前儿童能力发展阶梯为参考依据，把握学前特殊儿童语言、认知、粗大动作、精细动作、生活自理、社交等各方面能力的发展领域，提供 240 个操作性与实用性极强的康复教学活动实例给专业人士进行参考，获得了从事特殊儿童康复教育教学活动专业人员的认可和好评。

经过 3 年多的教学实践和探索研究，我们扩展了更多的教学场景和教学实例。为了给从事特殊儿童康复教育教学活动的专业人士提供更多的教学参考，我们编写了《学前特殊儿童综合主题教学活动设计（第二册）》。

在本书中，我们沿用了《学前特殊儿童综合主题教学活动设计》的教学理念和设计特点，以学前特殊儿童的社会适应能力发展为重点，精心挑选了 2 个与儿童生活经验紧密相关的月主题，在每个月主题下设 4 个周主题，分别就健康、语言、社会、科学、艺术等 5 个领域进行康教活动实例编写，共设计了 120 个康复教学活动实例。本书的内容更多元丰富，引用的实例更贴切生活，活动设计更具趣味性，能充分调动儿童主动参与课堂活动的积极性，具有极强的实用性。

在本书的编写过程中，我们获得各方的关心和指导，特别感谢广西壮族自治区残疾人联合会领导的悉心指导和大力支持，使得编写工作得以顺利开展；感谢广西康教创新发展联盟的同行们提供的专业意见和建议，使得教学活动设计更加专业、科学、规范。愿本书能发挥积极作用，为特殊儿童康复教育贡献一份力量！

秦荣飞

2023 年 5 月

目　录

月 主 题 一

动物世界

主题网络推导

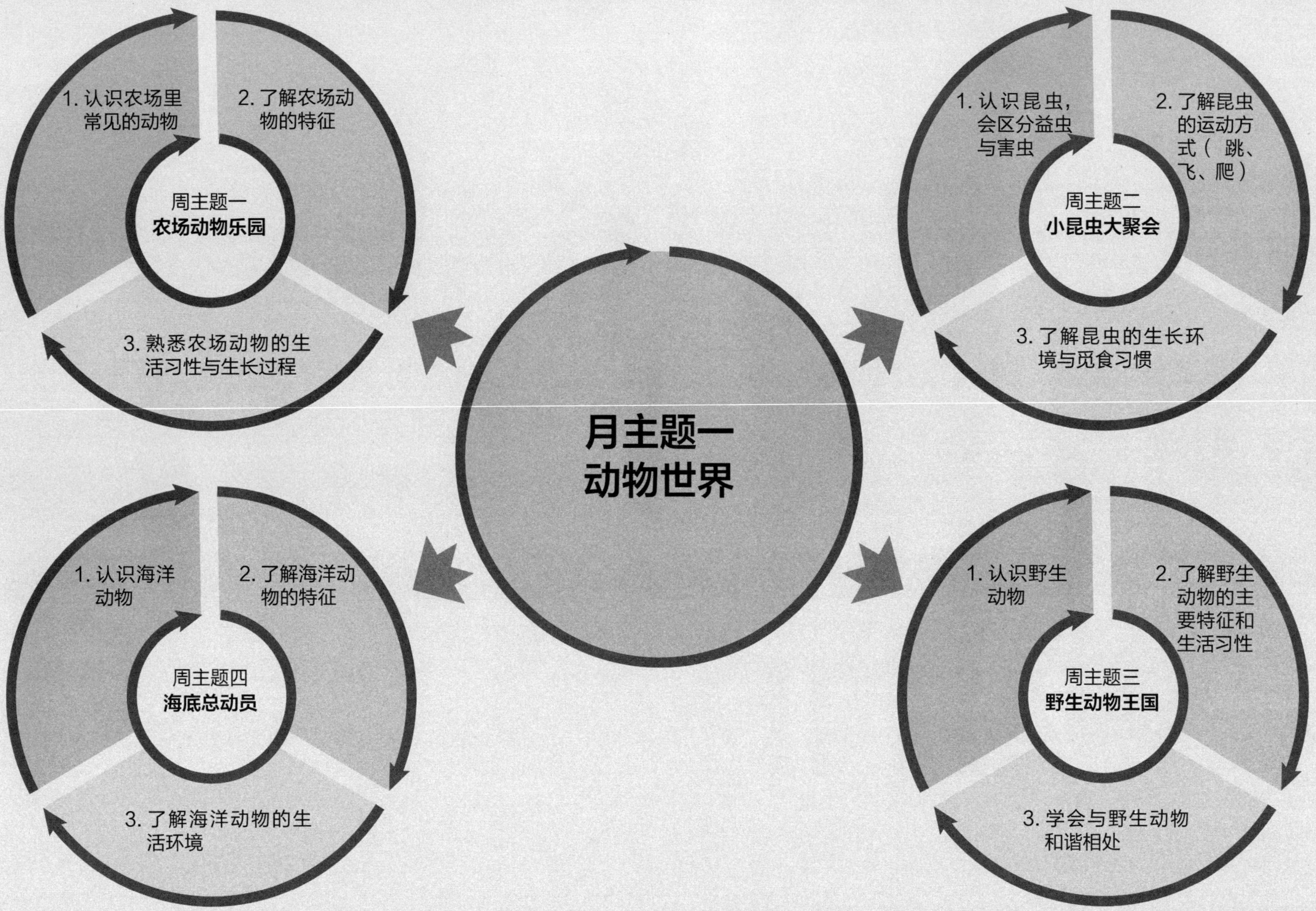

月主题一
动物世界
周主题一
农场动物乐园
1. 认识农场里常见的动物
2. 了解农场动物的特征
3. 熟悉农场动物的生活习性与生长过程
周主题二
小昆虫大聚会
1. 认识昆虫，会区分益虫与害虫
2. 了解昆虫的运动方式（ 跳、飞、爬）
3. 了解昆虫的生长环境与觅食习惯
周主题三
野生动物王国
1. 认识野生动物
2. 了解野生动物的主要特征和生活习性
3. 学会与野生动物和谐相处
周主题四
海底总动员
1. 认识海洋动物
2. 了解海洋动物的特征
3. 了解海洋动物的生活环境

月主题一	动物世界	周主题一	农场动物乐园	活动领域	健康

高组	母鸡下蛋	侧重领域	※ 粗大动作 ※ 语言表达

有益经验

1. 认识鸡蛋。
2. 通过跳跃、扭臀等动作把海洋球抖出盒子，锻炼身体的协调性。
3. 根据相同时间内抖出的海洋球数量判断输赢。
4. 通过玩游戏，体验竞赛的乐趣。

活动准备

◎视频："母鸡下蛋"的游戏玩法
◎歌曲："Chicken Dance"
◎篮子 3 个
◎母鸡下蛋抖球道具每人 1 套
◎海洋球（红色、蓝色、黄色）适量
◎鸡蛋模型 1 篮

活动过程

1. 认识鸡蛋

师：老师在农场里捡到了神秘的礼物，你们猜猜是什么？

（1）老师出示一个神秘的篮子，请幼儿上前

中组	农场大力士	侧重领域	※ 粗大动作 ※ 语言理解

有益经验

1. 认识农场常见的动物：兔子、狗、鸭子、马。
2. 说出自己扮演的角色名称并做出相应动作：兔子是跳，狗是跑，鸭子是蹲走，马是马跃步。
3. 理解游戏规则，在游戏中完成向后拉的动作。
4. 通过拔河比赛，体验团体合作的快乐。

活动准备

◎课件：兔子、狗、鸭子、马的彩色图片
◎视频："拔河比赛"的玩法和规则
◎音乐：《运动员进行曲》
◎拔河绳 1 条
◎小兔子、小狗、小鸭子、小马 4 种动物头饰若干
◎贴纸若干

活动过程

1. 运动员入场

师：阳光农场要举办拔河比赛啦。快看，都有哪些小动物来参加比赛了？

（1）播放课件，老师引导幼儿通过图片认识 4

低组	赶鸭子	侧重领域	※ 粗大动作 ※ 认知

有益经验

1. 认识小鸭子，了解小鸭子的运动方式。
2. 用摇摇摆摆向前走、向前蹲走的动作到达指定的位置。
3. 在模仿动物活动的过程，感受运动带来的快乐。

活动准备

◎课件：马路、小河、房子卡通图片
◎视频：小鸭子走路和小鸭子游泳的录像
◎歌曲：《数鸭子》
◎图片：小鸭子彩色图片 1 张
◎小鸭子模型 1 个
◎鸭子头饰若干

活动过程

1. 小鸭子做游戏

师：门前大桥下游过一群鸭，小朋友们看一看是什么小动物游过来了？

（1）老师拿出藏在身后的小鸭子模型，并出示

掀开找出鸡蛋。
（2）请幼儿触摸鸡蛋，说出鸡蛋的名称和特征：鸡蛋、椭圆形。
（3）老师向幼儿询问鸡蛋的由来，引导幼儿积极回答。

2. 了解游戏

师：接下来，我们一起来玩“母鸡下蛋”的游戏，先看看怎么玩吧。
（1）播放“母鸡下蛋”的游戏视频，并讲解游戏规则及玩法：先将母鸡下蛋抖球道具绑在腰间，再播放歌曲“Chicken Dance”，接着跟随音乐节奏快速抖动腰间的道具，在规定的时间范围内尽量将道具盒里的“鸡蛋”抖出道具盒，抖出数量多的为胜利者。
（2）老师展示道具，邀请3名幼儿上前一同示范游戏的玩法。
（3）邀请全体幼儿自由选择道具并一同体验游戏。

3. 游戏挑战

师：小朋友们已经知道游戏的玩法了，现在我们分组比一比吧。
（1）老师展示海洋球，一种颜色的海洋球统一放在一个道具盒里，并告诉幼儿一种颜色代表一个组别，共3组。
（2）老师引导幼儿自由选择喜爱的颜色组队站好。
（3）播放歌曲“Chicken Dance”，请幼儿按照规则进行竞技游戏。
（4）每轮游戏结束，老师对每一组幼儿的表

种小动物及其动作特征。
（2）出示4种动物的头饰，请幼儿依次上前选择自己喜欢的动物头饰并佩戴。
（3）分别对4种小动物进行点名，老师引导幼儿认识并熟悉自己的角色。
（4）请扮演相同角色的幼儿站在一起组队，分成小兔子组、小狗组、小鸭子组、小马组。

2. 了解运动项目

师：小运动员们，你们知不知道拔河比赛是怎样进行的？我们一起看一看吧。
（1）老师播放“拔河比赛”的视频，并讲解游戏规则及玩法。
（2）展示道具：拔河绳，引导幼儿认识拔河比赛用具。

3. 做赛前准备

师：拔河比赛马上就要开始啦，请运动员们做好赛前热身的准备。
（1）请幼儿根据自己扮演的动物角色做出和角色匹配的相应动作：兔子是跳，狗是跑，鸭子是蹲走，马是马跃步。
（2）请小兔子组和小狗组、小鸭子组和小马组，练习拔河动作要领，老师指导完成。

4. 玩拔河游戏

师：阳光农场拔河比赛正式开始！请小运动员们入场，看看谁能成为今天的农场大力士。
（1）老师布置比赛场地，将拔河绳放置在场地中间。
（2）请小鸭子组和小马组进入比赛场地，其余2组充当啦啦队。

小鸭子的彩色图片。
（2）请幼儿将小鸭子模型与小鸭子彩色图片进行配对。
（3）老师给全体幼儿佩戴鸭子头饰，请幼儿扮演小鸭子。
（4）播放歌曲《数鸭子》，老师引导幼儿坐在椅子上感知音乐左右摆动身体。

2. 小鸭子本领大

师：原来是一群小鸭子游过来了，它们有厉害的本领，我们也来学一学吧。
（1）播放视频，引导幼儿了解小鸭子走路和游泳的姿势：摇摇摆摆向前走、向前蹲走。
（2）老师示范小鸭子走路和游泳的动作，请3名幼儿一同尝试模仿。

3. 回家找妈妈

师：太阳公公下山了，小鸭子们快回家找妈妈吧。
（1）老师示范：播放马路卡通图片，引导幼儿学小鸭子走路的姿势，从教室的左边走到右边。
（2）老师示范：播放小河卡通图片，引导幼儿学小鸭子游泳的姿势，从教室的右边原路“游回”教室的左边。
（3）老师引导幼儿按照示范进行相应的游戏活动。

4. 小鸭子到家了

师：小鸭子们已经回到家，现在鸭妈妈要数一数有几只小鸭子回到家了。
（1）播放房子的卡通图片，清点“小鸭子”的数量并回收鸭子头饰。

现进行简单的评价。

4. 清点鸡蛋

师：游戏结束啦，请小朋友们把自己组别的“鸡蛋”捡到篮子里，再来比一比哪一组的“鸡蛋”最多！

（1）老师引导幼儿把“鸡蛋”捡到指定的篮子里。

（2）请幼儿有序坐回自己的位置。

（3）带领幼儿数“鸡蛋”并做记录。

（4）老师引导幼儿比较“鸡蛋”的数量，选出数量最多的一组。

（5）老师对全体幼儿的表现进行评价，根据比赛结果进行相应的奖励。

活动延伸

引导幼儿在日常生活中与家人或同伴进行“母鸡下蛋”的游戏，增进亲子关系，提升幼儿与同伴互动的能力。

（3）播放音乐《运动员进行曲》，比赛正式开始，直到比出胜利一方，第一轮游戏结束。

（4）老师点评，给胜利组奖励贴纸。

（5）请小兔子组和小狗组进入比赛场地，按照上述赛制进行比赛。

（6）游戏可多次进行。

活动延伸

在日常生活中引导幼儿参与团体竞赛类游戏，提高幼儿活动参与的积极性以及与同伴互动的交往能力。

（2）对全体幼儿的表现进行点评。

活动延伸

在户外活动练习中设计蹲走、匍匐前进等大动作游戏活动，引导幼儿与同伴参与竞赛，在幼儿与同伴互动的同时增强其下肢控制及身体协调能力。

月主题一	动物世界	周主题一	农场动物乐园	活动领域	语言

高组	谁的尾巴	侧重领域	※ 语言表达 ※ 认知

有益经验

1. 认识动物的外形特征，分辨不同动物的尾巴。
2. 能用“这是 × × × 的尾巴”的句式回答问题。
3. 在游戏中，体验竞争性游戏带来的成就感。

活动准备

◎课件一：农场动物水牛、公鸡、鸭、绵羊的图片各 1 张
◎课件二：剪裁掉尾巴的水牛、公鸡、鸭、绵羊的图片各 1 张
◎课件三：水牛、公鸡、鸭、绵羊的尾巴图片
◎歌曲：《动物的尾巴》
◎图片：水牛、公鸡、鸭、绵羊的尾巴图片各 3 张
◎神秘箱 1 个

活动过程

1. 动物的尾巴
师：小朋友们，今天老师带来了一首关于动物尾巴的儿歌，我们一起来听一听吧。
（1）播放歌曲《动物的尾巴》，请幼儿听一听

中组	我爱我的小动物	侧重领域	※ 语言表达 ※ 认知

有益经验

1. 能听声音辨别动物：小羊、小猫、小鸡、小鸭。
2. 能模仿常见动物的叫声和动作。
3. 体验角色扮演的乐趣。

活动准备

◎课件：小羊、小猫、小鸡、小鸭的图片和声音
◎歌曲：《我爱我的小动物》
◎小羊、小猫、小鸡、小鸭头饰若干

活动过程

1. 认识小动物
师：今天农场要举行音乐会，听一听，谁来了？
（1）播放课件，请幼儿听一听小动物的声音。
（2）老师引导幼儿根据动物的叫声说出动物

低组	小鸭子找妈妈	侧重领域	※ 语言理解 ※ 认知

有益经验

1. 能认识常见的动物，如鸭子、小狗。
2. 能将外形相同的“鸭子”进行配对。
3. 在活动中体验“鸭妈妈和小鸭子”的亲情及帮助别人的快乐。

活动准备

◎歌曲：《母鸭带小鸭》
◎大鸭子、小鸭子、小狗模型各 1 个
◎鸭妈妈、小鸭子头饰每人 1 个

活动过程

1. 可爱的小鸭子
师：今天老师外出的时候发现了几只走丢的小动物，小朋友们猜猜它们是谁。
（1）老师模仿小鸭子的叫声和动作，请幼儿猜

小动物们的尾巴都有哪些特征。

（2）播放课件一，引导幼儿观察各种动物尾巴的特征。

（3）播放课件二，引导幼儿观察图片，并提问动物的什么部位不见了。

2. 是谁的尾巴

师：这里有许多动物的尾巴，我们一起来看看都有谁的尾巴吧。

（1）播放课件三，引导幼儿比较动物尾巴的不同：水牛的尾巴细又长，公鸡的尾巴弯又长，鸭子的尾巴扁又白，绵羊的尾巴圆又短。

（2）老师请个别幼儿说出动物尾巴的不同之处：颜色、长短、粗细。

（3）播放课件三，让幼儿根据动物尾巴的特征，运用“这是 ××× 的尾巴”的句式，说出是什么动物的尾巴。

3. 找尾巴游戏

师：小动物们的尾巴不见了，我们一起来帮它们找一找吧。

（1）出示装有各种动物尾巴图片的神秘箱子，请幼儿摸一摸。

（2）请幼儿轮流抽取一张动物尾巴的图片并介绍这是谁的尾巴。

的名称（如：咩咩——小羊）。

（3）老师根据幼儿说出的动物名称做出相应的动作（如：小猫——五指张开放脸颊处，随头左右摆动）。

（4）老师邀请幼儿模仿动物的声音和动作。

2. 扮演小动物

师：小动物们都去参加音乐会了，谁想变成小动物一起参加呢？

（1）出示小动物的头饰，引导幼儿说出动物名称。

（2）老师请幼儿说一说自己喜欢的小动物。

（3）老师请个别幼儿挑选头饰并扮演相应的小动物。

（4）请戴上头饰的幼儿上前表演动物的特征，引导其余幼儿一同模仿，共同练习。

3. 动物音乐会

师：动物音乐会要开始啦，请所有的小动物们一起加入吧！

（1）老师分发动物头饰，请幼儿佩戴头饰。

（2）老师念唱歌曲《我爱我的小动物》，引导“小动物”们练习表演动物的声音和动作。

（3）播放歌曲《我爱我的小动物》，引导“小动物”们跟随音乐表演。

一猜是什么动物。

（2）出示小鸭子模型，老师向幼儿介绍：这是一只小鸭子。

（3）请幼儿看一看，摸一摸小鸭子模型，加深认识。

2. 鸭妈妈来了

师：经过努力，老师已经联系到了它们的妈妈和它们的朋友，我们把它们请出来吧。

（1）出示大鸭子模型，向幼儿挥手打招呼。

（2）老师一边拿着小狗模型一边学着小狗的叫声向幼儿打招呼。

（3）把两只动物模型放在桌面上，老师引导幼儿认识鸭妈妈和小狗朋友。

3. 小鸭子找妈妈

师：小鸭子想回家了，小朋友们带着小鸭子去找它们的妈妈吧！

（1）请幼儿拿着小鸭子模型逐一上前，老师发出指令“放一起”，引导幼儿将小鸭子与鸭妈妈配对。

（2）请其余幼儿观察配对结果，老师及时表扬。

4. 一起回家啦

师：小鸭子们，我们一个跟着一个，排队和妈妈一起回家啦！

（1）老师戴上鸭妈妈的头饰，并给幼儿戴上小鸭子的头饰。

（2）请“小鸭子”们找到自己的“妈妈”和小伙伴，并按顺序排队。

（3）播放歌曲《母鸭带小鸭》，老师带领队伍缓慢走出教室。

活动延伸	活动延伸	活动延伸
引导幼儿在生活中多观察动物的特征，并进行描述。	在区角活动中投放动物头饰，鼓励幼儿进行角色扮演游戏，表现自己。	在生活中多进行“找妈妈”的游戏，引导幼儿进行物品配对练习。

月主题一	动物世界	周主题一	农场动物乐园	活动领域	社会

高组	动物旅行记	侧重领域	※ 社交技能 ※ 语言表达

有益经验

1. 能认识农场动物，并说出名称。
2. 通过感知故事情节、画面，认识简单的禁令标志。
3. 能遵守社会行为准则，不做被禁止的事情。
4. 能在集体游戏中体验角色扮演的乐趣。

活动准备

◎课件:《七只小猪去旅行》
◎图片:“禁止摘花”“禁止通行”“禁止过危桥”“禁止闯红灯”的彩色图片各 1 张
◎花盆 2 个、贴地胶带 1 卷（布置成斑马线）、平衡步道 1 条（布置成危桥）
◎评价表每人 1 张
◎记号笔每人 1 支
◎小猪头饰 1 个

活动过程

1. 谈话导入，引起兴趣

师：小朋友们，放假的时候你们都去哪里旅行

中组	老鹰抓小鸡	侧重领域	※ 社交技能 ※ 语言表达

有益经验

1. 能认识“老鹰抓小鸡”游戏中的角色。
2. 提升幼儿动作的灵敏性和反应能力，学会躲闪。
3. 能与同伴进行友好的互动和互助，会按不同的角色进行游戏。
4. 培养幼儿良好的安全意识和规则意识，体验游戏的快乐。

活动准备

◎歌曲:《母鸡带小鸡》
◎老鹰、母鸡头饰各 1 个
◎小鸡头饰若干

活动过程

1. 好玩的头饰

师：大家看看，今天老师给你们带来了什么？

低组	拔萝卜	侧重领域	※ 社交技能 ※ 语言理解

有益经验

1. 能认识兔子、胡萝卜，感知丰收的画面。
2. 学会用拉手动作请同伴协助。
3. 学会接受同伴的请求，一起合作“拔萝卜”。
4. 能在集体游戏中体验角色扮演的乐趣。

活动准备

◎课件：兔子、胡萝卜、胡萝卜丰收场景的彩色图片
◎视频:“拔萝卜”的游戏玩法
◎歌曲:《拔萝卜》伴奏版
◎胡萝卜模型若干
◎兔子、胡萝卜头饰各 1 个
◎篮子 1 个

活动过程

1. 农场丰收了

师：兔子在后院种了一片胡萝卜，它每天都

了呢？

（1）老师请幼儿分享旅行的地点和发生的趣事。

（2）请幼儿想一想、说一说在旅行中看到的禁止标志牌有哪些，自己是如何遵守的。

2. 讲读绘本，认识行为

师：小猪们也去旅行了，看看它们在旅行中发生了什么有趣的事吧！

（1）展示课件，请幼儿看一看首页，猜想故事内容并说一说。

（2）请幼儿留意绘本内容中表示禁止的标志图，并说出标志图的意思。

（3）老师一边引导幼儿看图一边讲读故事，对小猪们摘花、过危桥等行为做评价。

（4）请幼儿复述故事内容，说一说小猪们旅行的地点以及发生的事情。

3. 扮演小猪，演绎故事

师：小猪们旅行的故事告诉我们被禁止的事情不能做，让我们扮演成小猪去旅行，看看自己能不能做到。

（1）请4名幼儿拿着“禁止摘花”“禁止通行”“禁止过危桥”“禁止闯红灯”的图片，以合适的距离排成U形，老师在站点放相应的教具。

（2）老师展示评价表，向幼儿讲解：对的行为在方格里打钩，错的行为在方格里打叉。

（3）邀请一名幼儿戴上小猪头饰从花园出发，老师对该幼儿在每个站点的表现进行评价，以作示范。

（1）出示老鹰、母鸡和小鸡的头饰，请幼儿说出名称。

（2）鼓励幼儿想一想：这三个头饰可以开展什么角色游戏？

（3）老师表扬幼儿积极的行为，助教老师戴上老鹰的头饰，老师戴上母鸡的头饰，幼儿戴上小鸡的头饰，体验角色扮演的乐趣。

2. 母鸡爱小鸡

师：“老鹰抓小鸡”游戏应该怎么玩呢？有一首歌可以教我们。

（1）播放歌曲《母鸡带小鸡》，请幼儿认真听。

（2）老师引导幼儿说一说，做一做，歌曲中的角色和发生的事情：老鹰抓小鸡，母鸡保护小鸡。

（3）根据歌曲内容，扮演者做出不同的动作：老鹰寻找小鸡，母鸡呼唤小鸡，小鸡快速躲到母鸡怀里。

3.“老鹰抓小鸡”游戏

师：小朋友们玩得真开心呀！老师再告诉你们另一种玩法，请大家认真看游戏示范！

（1）邀请助教老师和两名幼儿上前，老师一边讲解规则一边示范游戏：“小鸡”抓紧“鸡妈妈”的衣服并随着“鸡妈妈”跑动的方向摆动，“老鹰”一旦冲破防线抓住“小鸡”，“小鸡”便回到位置坐好，未被抓走的“小鸡”则继续游戏。

（2）将幼儿分为2～3组，轮流上场玩游戏。

（3）在组内请幼儿自选角色与同伴合作完成“老鹰抓小鸡”的游戏。

给胡萝卜浇水施肥。秋天到了，胡萝卜成熟了，我们一起去看看吧！

（1）播放课件，引导幼儿认识小兔子、胡萝卜，感知丰收的情景。

（2）出示一个胡萝卜，请幼儿看一看，摸一摸。

（3）老师向幼儿介绍胡萝卜，让幼儿仿说名称、颜色。

2. 小兔子拔萝卜

师：兔子迫不及待地想要把胡萝卜拔起来，看看它是怎么做的吧。

（1）播放视频，老师一边歌唱一边做拔萝卜的动作，让幼儿加深理解。

（2）请幼儿跟随视频，一起做拔萝卜的动作。

（3）老师清唱《拔萝卜》，请幼儿轮流上前模仿小兔子拔萝卜的动作，用拉手的动作请1～2个小伙伴帮助。

3. 大家来帮忙

师：嘿呀，嘿呀！胡萝卜怎么也拔不起来，于是，兔子请了一些小伙伴来帮忙。

（1）一名助教老师手拿一个胡萝卜模型坐在地板上扮演一个胡萝卜。

（2）老师戴上兔子的头饰，抓住“胡萝卜”的双手使劲前后来回拉，然后伸手邀请一个小朋友上前拉衣服一起合作“拔萝卜”，引导幼儿观察学习。

（3）游戏继续，老师引导排在最后的幼儿伸手邀请另一个小朋友上来帮忙，直到“胡萝卜”被拔起送进篮子。

（4）请其他幼儿领取评价表，做好记录准备。
（5）请“小猪”出发，其余幼儿在座位上做记录，结束后对比评价结果。
（6）老师鼓励幼儿上前扮演“小猪”，游戏可多次进行。

4. 游戏结束，小猪回家

师：小猪们真棒，旅行结束了，我们现在回家吧！

老师组织幼儿离开活动场地，回到自己的位置。

活动延伸

认识生活中更多的禁止标志，幼儿可以和家人或同伴进行角色扮演游戏。

4. 安全回家

师：游戏结束了，小朋友们玩得开不开心呀？
（1）老师引导幼儿说出游戏体验。
（2）请幼儿取下头饰放回指定的位置，结束活动。

活动延伸

在区角活动中投放动物头饰，鼓励幼儿扮演角色时大胆表现。

（4）老师给予必要的协助让幼儿轮流扮演胡萝卜和兔子的角色，伴随歌曲《拔萝卜》的伴奏，在欢快的氛围中一起合作玩“拔萝卜”的游戏。
（5）老师引导幼儿一起点数胡萝卜并表扬幼儿的努力，结束活动。

活动延伸

引导幼儿在遇到困难时主动寻求帮助。

月主题一	动物世界	周主题一	农场动物乐园	活动领域	科学

高组	找鸡蛋	侧重领域	※ 认知 ※ 语言表达

有益经验

1. 认识生鸡蛋和熟鸡蛋。
2. 掌握区分生鸡蛋和熟鸡蛋的方法。
3. 激发探索兴趣，在活动中体验做科学小实验的快乐。

活动准备

◎课件：手电筒照生鸡蛋会透光的彩色图片，手电筒照熟鸡蛋不透光的彩色图片
◎图片：生鸡蛋敲开的样子、熟鸡蛋敲开的样子各 1 张
◎生鸡蛋、熟鸡蛋适量
◎透明玻璃碗 2 个
◎手电筒每人 1 个
◎红色、蓝色篮子各 1 个

活动过程

1. 蛋宝宝来了

师：小朋友们，今天早上我不小心把煮好的熟鸡蛋和生鸡蛋放在一起了，这下麻烦了！

中组	农场里的蛋宝宝	侧重领域	※ 认知 ※ 语言表达

有益经验

1. 能观察蛋的外观特征，认识鹅蛋、鸭蛋、鸡蛋。
2. 能比较蛋的大小，由大到小进行排列。
3. 在比较的过程中，体验探索的乐趣。

活动准备

◎歌曲：《寻找宝藏》
◎装有鹅蛋、鸭蛋、鸡蛋的神秘袋各 1 个
◎鹅、鸭、鸡动物模型各 1 个
◎鹅蛋、鸭蛋、鸡蛋各 3 个

活动过程

1. 猜猜它是“谁”

师：袋子里，真神奇，里面藏着大秘密。小朋友们猜猜里面装的是什么？

低组	调皮的影子	侧重领域	※ 认知 ※ 语言理解

有益经验

1. 能观察动物的特征，认识常见的动物。
2. 通过轮廓分辨不同的动物。
3. 能根据动物的影子寻找相应的动物模型进行配对。
4. 培养参加科学探究活动的积极性，体验游戏的快乐。

活动准备

◎歌曲：《动物模仿歌》
◎兔子、鸡、狗、猪动物模型各 4 个
◎手电筒每人 1 个

活动过程

1. 认识动物

师：请小朋友们听一听，农场里哪只调皮的小动物跑出来了？

（1）老师提着一篮鸡蛋急匆匆地走进教室向幼儿寻求帮助。

（2）请幼儿通过看一看、摸一摸、摇一摇等多种方式感知鸡蛋，初步辨别生鸡蛋、熟鸡蛋。

2. 认识蛋宝宝

师：生鸡蛋和熟鸡蛋有什么不一样的地方？我们如何才能分辨？

（1）请幼儿根据生活经验说一说生鸡蛋、熟鸡蛋的状态。

（2）出示生鸡蛋，请幼儿通过摇晃鸡蛋说出对生鸡蛋的感受，老师讲解：生鸡蛋摇动时里边会有晃动的感觉。

（3）请一名幼儿把生鸡蛋敲碎倒进碗里，让其他幼儿观察和体验。

（4）老师再出示一个熟鸡蛋，请幼儿通过触摸、摇晃感知熟鸡蛋，让幼儿说出感觉。

（5）请幼儿把熟鸡蛋敲碎、剥开蛋壳，引导幼儿说出熟鸡蛋的状态。

3. 挑选蛋宝宝

师：老师还有一种神奇的方法，不破坏鸡蛋就能看出是生鸡蛋还是熟鸡蛋。

（1）播放课件，让幼儿直观地看到手电筒照在生鸡蛋、熟鸡蛋上呈现的不同景象。

（2）老师向幼儿讲解可以透光的是生鸡蛋，不透光的是熟鸡蛋，加深认识。

（3）老师把一个鸡蛋放在桌面上，打开手电筒照在鸡蛋上进行实验，请幼儿观察并判断生熟。

（4）老师鼓励幼儿上前尝试实验，通过实验观察分辨是生鸡蛋还是熟鸡蛋。

（1）播放歌曲《寻找宝藏》，请幼儿聆听，在前 3 次音乐间奏分别出示一个神秘袋子。

（2）在前 3 次音乐间奏老师将神秘袋子展示在幼儿面前，请幼儿摸一摸袋子里的物品。

（3）老师请幼儿想一想、说一说袋子里边的物品名称，并取出来放到桌面上。

2. 认识蛋宝宝

师：原来是蛋宝宝来和小朋友们一起玩啦，大家来看一看它们有什么不一样吧！

（1）老师把 3 个蛋排列在桌面上，引导幼儿比较 3 个蛋的大小。

（2）请幼儿根据比较的结果，指一指、说一说蛋的特征（使用“大”“中”“小”等词语）。

3. 比比蛋宝宝

师：小朋友们，我们帮助蛋宝宝按大中小排排队吧！

（1）老师示范将 3 个蛋按大中小排列摆放，引导幼儿观看。

（2）请 1 名幼儿上前把蛋按大中小排列摆放，请其他小朋友检查是否正确。

（3）把幼儿分成 3 组，并把蛋分发给幼儿，请小朋友把蛋按大中小依次进行排列。

4. 蛋宝宝回家

师：蛋宝宝已经排好队了，我们把蛋宝宝送回家找妈妈吧！

（1）老师将鹅、鸭、鸡模型按顺序摆在桌面上，引导幼儿认识。

（2）请幼儿将蛋宝宝与相对应的蛋妈妈进行匹配。

（1）播放歌曲《动物模仿歌》，请幼儿聆听，老师伴随歌词说出动物的名称，同时做出相应的动作，引导幼儿模仿。

（2）再次播放歌曲《动物模仿歌》，老师根据歌词同步出示相应的动物模型摆在桌面上，引导幼儿认识。

2. 动物投影

师：调皮的小动物变身了，我们来看看它变成了什么吧。

（1）老师固定手电筒，把动物模型投影在白墙上，引导幼儿观察动物的影子。

（2）请幼儿挑选自己喜欢的动物模型并尝试将模型投影在白墙上，再自由调整模型的位置，其间老师引导幼儿观察影子的变化。

（3）老师给每名幼儿发手电筒，引导幼儿自行给动物模型投影，体验投影的乐趣。

3. 影子配对

师：小动物们都变身了，你们还能找到它们吗？

（1）老师投出一个动物模型的影子，请幼儿观察外形。

（2）请一名幼儿上前挑选出与影子相匹配的动物模型，老师引导其他幼儿观察影子与模型是否匹配。

（3）请积极举手的幼儿上前挑选动物模型进行投影，再请另一名幼儿挑选动物模型进行匹配。

（4）影子配对游戏进行多次，直到将所有的动物模型配对完毕。

（5）给每人分配若干枚鸡蛋，将手电筒逐一发给幼儿，请幼儿用光照的方法帮助老师挑选出生鸡蛋和熟鸡蛋，再分别把它们放进红色、蓝色的篮子里。

4. 品尝鸡蛋

师：这么快就能帮助老师把混在一起的鸡蛋分清了，小朋友们真是科学小能手。

（1）老师邀请几个幼儿上前说出在分辨生熟鸡蛋过程中的体验。

（2）老师向幼儿表示感谢，请大家一起吃鸡蛋。

活动延伸

鼓励幼儿主动探索，尝试用不同的方法分辨生鸡蛋、熟鸡蛋，体验做科学小实验的乐趣。

（3）老师引导幼儿与蛋妈妈和蛋宝宝挥手告别，以此结束活动。

活动延伸

在家里、户外或者网上探索不同的动物，了解更多种类的蛋，提高探索和认知的能力。

4. 动物集合

师：小动物们全都找到了，现在我们把它们送回去吧。

（1）老师引导幼儿分别收集动物模型并放在指定的位置。

（2）请幼儿向动物模型挥手道别，结束活动。

活动延伸

在家里、户外探索不同物品的影子，提高观察和认知能力。

月主题一	动物世界	周主题一	农场动物乐园	活动领域	艺术

高组　动物模仿歌

侧重领域：※ 语言表达　※ 粗大动作

有益经验

1. 能说出动物名称，并能通过动物的叫声辨别动物。
2. 熟悉音乐旋律，能跟随老师念唱儿歌。
3. 学会看手绘图谱，并能根据图谱拍手打节奏。
4. 能积极参与到演唱中，体验和同伴一起唱歌的乐趣。

活动准备

◎歌曲：《动物模仿歌》
◎兔子头饰 1 个
◎手绘图谱 1 张
◎大堂鼓每人 1 个
◎椅子每人 1 把

活动过程

1. 认识动物

师：筹备已久的动物演唱会准备开始了，看看有哪些小动物来参加。

（1）老师戴上头饰扮演小动物招呼大家。

（2）播放音乐《动物模仿歌》，请幼儿说出歌词中出现的动物并模仿它们的叫声。

中组　兔子舞

侧重领域：※ 语言表达　※ 粗大动作

有益经验

1. 通过看兔子的图片，描述兔子的特征。
2. 能伴随音乐的节奏做出兔子跳的动作。
3. 能伴随音乐节奏，和同伴配合向前跳。
4. 能跟随音乐节奏做动作，培养幼儿对音乐的兴趣。

活动准备

◎歌曲：《兔子跳跳跳》
◎图片：兔子彩色图片 1 张
◎手铃和脚铃每人 1 对
◎兔子头饰 1 个

活动过程

1. 认兔子

师：小兔子乖乖，把门开开，快点儿开开，妈妈要进来。

（1）老师戴兔子头饰扮演兔妈妈，一边唱歌，一边开门跳进来。

（2）出示兔子彩色图片，引导幼儿观察说出

低组　什么动物出来玩

侧重领域：※ 粗大动作　※ 认知

有益经验

1. 能指认常见的动物。
2. 能模仿常见动物的动作：跳、飞、跑。
3. 能跟随音乐模仿操作乐器。
4. 培养幼儿参与音乐活动的兴趣，感受音乐活动的乐趣。

活动准备

◎歌曲：《什么动物出来玩》
◎纸箱 1 个
◎小兔、小鸟、小鸡动物模型各 1 个
◎手铃每人 1 对
◎圆形坐垫 1 块（用于放置动物模型）

活动过程

1. 认一认

师：小朋友们，猜猜老师的百宝箱里有什么。

（1）播放歌曲《什么动物出来玩》，根据歌词内容从百宝箱中抽出对应的动物模型。

（2）将动物模型排列在桌面上，请幼儿上前指认动物模型。

2. 学看图谱

师：演唱会马上要开始了，我们一起来看看小动物们会以什么样的方式出场。

（1）老师播放音乐《动物模仿歌》，幼儿一边听音乐一边回答相关的问题，如：谁在蹦蹦跳？

（2）出示手绘图谱，引导幼儿了解并尝试说出图谱的内容。

（3）老师跟着图谱边念唱边打节奏，并请幼儿认真观察：小兔（拍手1次）小兔（拍手1次）蹦蹦跳（拍手3次），依此规律拍手直到歌曲结束。

（4）老师轻声念唱歌曲，引导幼儿根据示范跟随音乐拍打节奏。

（5）引导幼儿尝试根据图谱边念唱歌词边拍打节奏。

3. 一起歌唱

师：演唱会开始咯，现在我们一起来为小动物们伴奏吧。

（1）请幼儿拿着自己的椅子以老师为中心围圆圈坐好，老师分发大堂鼓。

（2）播放歌曲《动物模仿歌》，引导幼儿跟随音乐节奏敲鼓。

（3）邀请个别幼儿上前演唱歌曲，其余幼儿为他伴奏。

（4）邀请所有幼儿一起演唱歌曲。

（5）歌唱结束后，请幼儿将大堂鼓放回指定位置，活动结束。

兔子的名称和特征，并模仿兔子跳的动作。

2. 兔子跳

师：兔宝宝们，你们已经长大了，要一起来学本领喽！

（1）播放歌曲《兔子跳跳跳》，老师引导幼儿倾听歌曲内容。

（2）再次播放歌曲，请幼儿跟随音乐节奏做挥手、兔子跳的动作，感知音乐旋律和节奏。

（3）请个别幼儿上前拉住老师的衣服排成一列，歌曲响起时依次向前走，唱到“跳跳跳”时依次向前跳3次，以此类推进行游戏，直到歌曲结束。

（4）请幼儿两人一组进行游戏。

3. 兔子舞

师：兔宝宝们跳得真棒呢，现在一起来跳兔子舞吧。

（1）老师发放手铃和脚铃，引导幼儿佩戴。

（2）老师引导幼儿站在教室的地线上，用兔子跳的动作绕圈向前移动。

（3）将幼儿平均分成两组，分别站在地线的两侧并对齐，搭着肩膀排成两列。

（4）播放歌曲，在前奏部分，两组“小兔子”搭着肩膀跟随音乐摇晃身体。

（5）当歌曲唱到“跳跳跳”时，统一向前跳3步。歌曲节奏变快时，站在原地，双手拍拍前面小朋友的肩膀。

4. 结束活动

师：小兔子们都跳累了吧，一起休息一下吧。请幼儿原地坐下休息。

2. 学一学

师：小动物排好队了，我们听一听小动物们在做什么呀。

（1）播放歌曲《什么动物出来玩》，请幼儿聆听，并同步做出模仿动物的动作。

（2）老师说出动物名称，邀请个别幼儿模仿相应动物的动作，如：兔子跳、小鸟飞等。

（3）播放歌曲，引导所有幼儿跟随歌曲节奏模仿相应动物的动作。

3. 玩一玩

师：今天天气真好呀，那我们跟着小动物们一起出去玩吧！

（1）老师分发手铃并请幼儿戴在手上。

（2）请幼儿围着动物模型站好。

（3）一边清唱歌曲，一边模仿相应动物的动作。

（4）播放歌曲，请幼儿跟随歌曲模仿相应动物的动作。

（5）老师邀请个别幼儿上前展示，其余幼儿模仿学习。

（6）老师表扬幼儿的大胆展示，引导幼儿把手铃放回指定位置，活动结束。

活动延伸

在日常生活中，鼓励幼儿学习儿歌并为家人或同伴表演，增强幼儿的自我表现能力。

附材料

1.《动物模仿歌》歌词

小兔 / 小兔 / 蹦蹦跳
小羊 / 小羊 / 咩咩叫
小狗 / 小狗 / 汪汪汪
公鸡 / 公鸡 / 喔喔叫
青蛙 / 青蛙 / 呱呱呱
小熊 / 小熊 / 走来啦
咚 / 咚 / 咚

2. 手绘图谱示意图

活动延伸

在日常生活中，拓展音乐的多种玩法，发展幼儿跳的能力，如向前跳、向后跳、横着跳等。

活动延伸

在课间活动时播放歌曲《什么动物出来玩》，让幼儿模仿相应动物的动作。

附材料

《什么动物出来玩》歌词

小小兔子出来玩，跳呀跳，跳呀跳（模仿跳的动作）

小小鸟儿出来玩，飞呀飞，飞呀飞（模仿飞的动作）

小小鸡儿出来玩，跑呀跑，跑呀跑（模仿跑的动作）

月主题一	动物世界	周主题二	小昆虫大聚会	活动领域	健康

高组	毛毛虫变蝴蝶	侧重领域	※ 粗大动作 ※ 语言表达

有益经验

1. 认识毛毛虫和蝴蝶的关系，了解毛毛虫变成蝴蝶的过程。
2. 模仿毛毛虫向前爬行的动作。
3. 能够自己在身后背上蝴蝶翅膀的背带。
4. 通过体育游戏，体验毛毛虫蜕变的过程。

活动准备

◎视频：毛毛虫破茧成蝶的录像
◎歌曲：《蝴蝶飞》
◎绘本：《毛毛虫变蝴蝶》
◎地垫 4 张
◎滚筒 2 个
◎蝴蝶翅膀每人 1 对

活动过程

1. 毛毛虫大变身

师：小朋友们，你们看，毛毛虫长大了会变成谁？

（1）播放绘本《毛毛虫变蝴蝶》，讲述绘本故事，引导幼儿认识毛毛虫和蝴蝶的关系，了解

中组	小蜜蜂采花蜜	侧重领域	※ 粗大动作 ※ 认知

有益经验

1. 认识蜜蜂及其觅食习惯。
2. 能模拟蜜蜂上下挥动手臂，同时向前跑。
3. 能一只手拿着有半杯水的杯子向前走。
4. 通过集体合作完成采花蜜的活动，感受劳动带来的快乐，增强幼儿的协作能力。

活动准备

◎视频：蜜蜂采花蜜的录像、小蜜蜂采花蜜游戏玩法说明
◎歌曲：《小蜜蜂》
◎装满水的桶 2 个
◎蜜蜂头饰每人 1 个
◎透明大量杯 2 个、透明小水杯每人 1 个
◎蜂蜜水 1 壶、儿童水杯每人 1 个

活动过程

1. 认识蜜蜂

师：嗡嗡嗡，花丛中飞来了一只勤劳的小昆虫，你们猜猜，它是谁？

（1）播放蜜蜂采花蜜的视频，引导幼儿观察了解蜜蜂采蜜的过程。

低组	拍蚊子	侧重领域	※ 粗大动作 ※ 认知

有益经验

1. 认识蚊子，了解蚊子的习性。
2. 能垂直挥动“电蚊拍”做拍蚊子的动作。
3. 通过拍蚊子掌握灭害虫的技能。

活动准备

◎视频：讲解蚊子叮人习性的动画
◎歌曲：《蚊子叮叮不要抓》《摇篮曲》
◎自制“电蚊拍”每人 1 个
◎贴有蚊子图片的乒乓球若干个
◎海绵垫若干

活动过程

1. 讨厌的害虫

师：你们听，是什么声音打扰小朋友了？

（1）播放歌曲《蚊子叮叮不要抓》，请幼儿仔细听辨蚊子叫的声音。

（2）老师播放视频，并讲解蚊子叮人的习性，

毛毛虫变蝴蝶的过程。

（2）老师提出“毛毛虫会变成什么”的问题，请幼儿根据绘本故事回答。

2. 毛毛虫破茧成蝶

师：毛毛虫可以变成美丽的蝴蝶，那你们知道毛毛虫变身会经历怎样的过程吗？

（1）播放视频，引导幼儿观看毛毛虫蜕变的过程，观察毛毛虫爬行和蝴蝶飞的动作。

（2）老师示范毛毛虫爬行、蝴蝶飞的动作，引导幼儿进行模仿。

3. 毛毛虫变身游戏

师：了解了毛毛虫破茧成蝶的过程，接下来让我们一起来玩一玩“毛毛虫变蝴蝶”的游戏吧！

（1）助教老师将2张地垫拼接在一起作为毛毛虫爬行的轨道，在地垫的一端放滚筒作为蝴蝶的“房子”。

（2）老师扮演毛毛虫从地垫的起点慢慢向前爬行，爬到地垫的另一端进入“房子”里，在“房子”里穿戴好蝴蝶翅膀扮演成蝴蝶“飞出房子”回到起点。

（3）将班级幼儿分成2组，并引导幼儿根据老师的示范依次进行游戏。

4. 小蝴蝶飞呀飞

师：我们都变成了漂亮的蝴蝶，让我们一起展翅飞翔吧。

（1）老师播放歌曲《蝴蝶飞》，邀请全体幼儿到教室中间集合。

（2）老师向幼儿询问蜜蜂吃什么，引导幼儿积极回答。

（3）请幼儿认一认、说一说蜜蜂的名称及蜜蜂采蜜的过程。

2. 蜜蜂飞舞

师：细心的小朋友，你们有没有观察到勤劳的小蜜蜂在花丛中是怎么样飞舞的呢？

（1）再次播放蜜蜂在花丛中飞舞的视频，引导幼儿观察蜜蜂飞舞的动作，并模仿其动作：上下挥舞手臂，同时向前跑。

（2）请所有幼儿站在教室的地线上，老师播放歌曲《小蜜蜂》并引导幼儿沿着地线模拟小蜜蜂飞的动作。

3. 蜜蜂采蜜

师：真想尝一尝甜甜的蜂蜜啊，让我们一起变成小蜜蜂去采花蜜吧。

（1）老师播放小蜜蜂采花蜜游戏的视频，同时讲解游戏规则及玩法，请幼儿观察学习。

（2）将装满水的两个桶分别放在教室的前端，在教室的后端分别放置一个大量杯。

（3）请4名幼儿分别戴上蜜蜂的头饰扮演蜜蜂，并分成两组分别站在水桶旁排队等待，老师给每个幼儿发一个透明小水杯，引导幼儿依次在水杯里装上水后快速走向量杯处并把杯子里的水倒进量杯里，再返回起点与同伴击掌；另一名幼儿以相同方式进行游戏。两组幼儿完成接力后对比两组量杯里的水，量多的一组获胜。

引导幼儿认识蚊子。

2. 认识蚊子

师：小朋友们，你们知道是什么东西发出嗡嗡的声音，还会叮人吗？

（1）老师出示蚊子图片，引导幼儿指一指、认一认蚊子。

（2）用绳子固定贴有蚊子图片的乒乓球作为“蚊子”，老师甩动绳子让“蚊子”绕着幼儿飞。

（3）请幼儿想出不同的办法消灭蚊子。

3. 消灭蚊子

师：讨厌的蚊子要飞过来叮人了，我们要一起消灭它！

（1）播放歌曲《蚊子叮叮不要抓》，并将若干只“蚊子”悬挂在教室中间。

（2）老师给幼儿每人发1个“电蚊拍”，并示范挥动“电蚊拍”的方法。

（3）请幼儿靠近“蚊子”，用“电蚊拍”拍打“蚊子”，直至所有“蚊子”都掉落在地上。

4. 进入梦乡

师：终于把蚊子都消灭了，现在我们一起继续睡觉吧！

（1）播放音乐《摇篮曲》，引导幼儿在海绵垫上躺好。

（2）老师关闭教室灯光，请幼儿安静睡觉。

（2）引导幼儿跟随音乐自由移动，并展示自己的翅膀。

活动延伸

在户外活动中要引导幼儿观察、模仿昆虫的活动方式，以提高幼儿观察、模仿的能力，增强幼儿的肢体控制能力。

附材料

“蝴蝶房子”示例

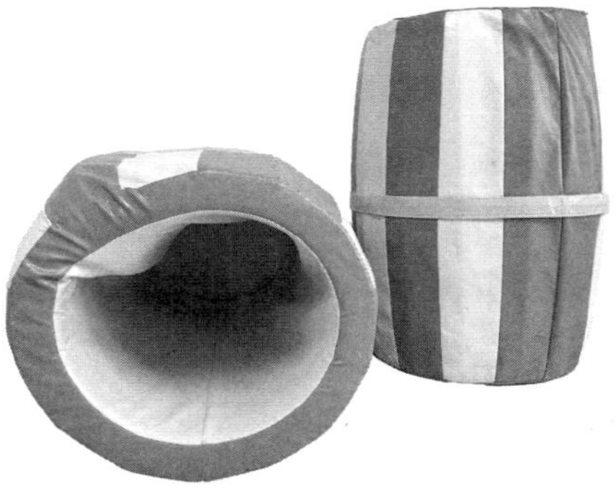

（4）给全体幼儿佩戴蜜蜂头饰扮演蜜蜂，并将幼儿分成两队进行团队竞赛，最后对比两队量杯的水量，总水量多的团队获胜。

4. 品尝蜂蜜

师：你们真棒！采了好多的蜂蜜回来，我们一起来尝一尝。

（1）老师请幼儿围桌就座，拿出蜂蜜水。

（2）请幼儿分别拿出自己的水杯，老师给幼儿倒蜂蜜水，请幼儿品尝。（要告诉幼儿不宜多食蜂蜜）

活动延伸

在日常生活中鼓励幼儿学习蜜蜂的勤劳品质，养成爱劳动的习惯，提高幼儿的动手能力。

活动延伸

在日常生活中让幼儿认识蚊子的危害，学习驱赶和躲避虫子的技能。

附材料

自制“电蚊拍”示意图

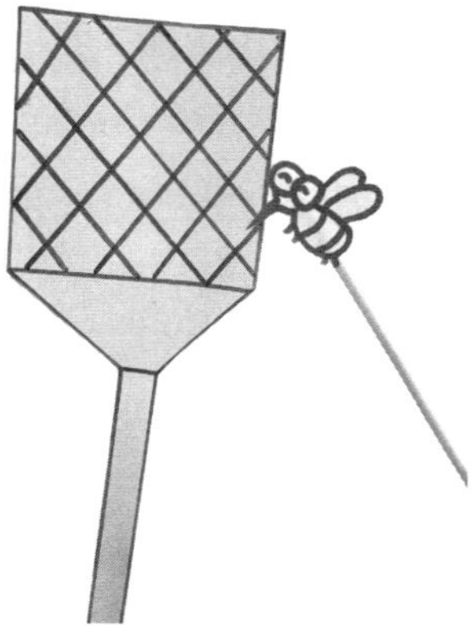

月主题一	动物世界	周主题二	小昆虫大聚会	活动领域	语言

高组	害虫和益虫	侧重领域	※ 语言表达 ※ 粗大动作

有益经验

1. 能够根据彩色图片说出昆虫的名称。
2. 能将昆虫按益虫、害虫进行分类。
3. 能扮演小青蛙完成双手背后向前蹲跳的动作。
4. 通过讨论益虫、害虫，体验与同伴交流的乐趣。

活动准备

◎课件：苍蝇、蚊子、蟑螂、蝗虫、蜜蜂、蜻蜓、萤火虫、七星瓢虫等的彩色图片
◎视频：讲解害虫的种类和危害
◎歌曲：《小跳蛙》
◎图片：苍蝇、蚊子、蟑螂、蝗虫、蜜蜂、蜻蜓、萤火虫、七星瓢虫的彩色图片每种 4 张
◎小青蛙头饰每人 1 个

活动过程

1. 认识小昆虫

师：小青蛙呱呱叫，肚子饿了要吃虫子，一起看看都有哪些昆虫吧。

（1）播放课件，老师引导幼儿观察图片中的

中组	虫儿飞	侧重领域	※ 语言表达 ※ 粗大动作

有益经验

1. 能认识常见的昆虫及其运动方式。
2. 能比较昆虫的飞行高度，并使用形容词：高、低。
3. 能根据指令用站和蹲的动作表示飞行的高低。
4. 在活动中感受春天的氛围，欣赏春天的美景。

活动准备

◎课件：蝴蝶、蜻蜓的彩色图片
◎视频：草丛里的各种昆虫
◎图片：蝴蝶、蜻蜓的彩色图片各 3 张
◎长绳子 1 根
◎贴有蝴蝶、蜻蜓图片的绳子 5 根

活动过程

1. 有趣的昆虫

师：草丛里有小昆虫在玩耍，你们看到了什么呢？

（1）播放视频，引导幼儿仔细观察昆虫的活动。

低组	花蝴蝶和小蜜蜂	侧重领域	※ 语言理解 ※ 认知

有益经验

1. 能认识常见的昆虫，初步了解昆虫的生活环境。
2. 能把昆虫模型与图片进行配对。
3. 通过送“昆虫”回家的活动，体验帮助他人的快乐。

活动准备

◎视频：花园里蜜蜂和蝴蝶纷飞的场景
◎图片：蝴蝶、蜜蜂的彩色图片各 1 张
◎蜜蜂、蝴蝶的模型各 8 个
◎自制蜂巢、自制花丛各 1 个

活动过程

1. 花园里的昆虫

师：老师带小朋友们一起去花园走走，看看花园里都有哪些小昆虫。

（1）播放视频，引导幼儿欣赏花园美景，仔

昆虫。

（2）老师带领幼儿认识昆虫，引导幼儿根据彩色图片说出昆虫的名称。

（3）老师提出问题“哪些昆虫你们不喜欢”，引导幼儿根据生活经验讨论。

2. 昆虫大分类

师：小朋友们知不知道昆虫可以分成益虫和害虫？你们能不能正确区分它们呢？

（1）播放视频，请幼儿仔细观看并了解害虫的种类和危害。

（2）出示昆虫彩色图片，老师引导幼儿结合视频内容将昆虫进行分类：害虫有苍蝇、蚊子、蟑螂、蝗虫等；益虫有蜜蜂、蜻蜓、萤火虫、七星瓢虫等。

（3）老师请幼儿根据昆虫的分类情况，运用“××是害虫/益虫”的句式进行表达。

（4）引导幼儿根据生活经验讨论消灭害虫的方法：使用杀虫剂、点蚊香等。

3. 青蛙吃害虫

师：小青蛙也会区分益虫和害虫哦，它要来帮助人类消灭害虫了！

（1）老师将昆虫彩色图片粘贴在黑板上，佩戴小青蛙头饰，一边讲解一边进行游戏示范：从教室后方开始双手背后向前蹲跳，到达黑板后分辨图片里的害虫和益虫，向上跳扯下害虫图片。

（2）老师引导幼儿通过佩戴青蛙头饰扮演小青蛙。

（3）播放音乐，老师邀请幼儿根据示范进行

（2）老师播放课件，引导幼儿认识春天常见的昆虫并说出名称：蝴蝶、蜻蜓。

（3）请幼儿回忆视频中昆虫的运动方式，说一说它们的相同点：能飞行。

（4）老师带领幼儿一起做动作，模仿昆虫飞行。

2. 会飞的昆虫

师：有的昆虫有翅膀，能飞行。有的飞在空中，有的飞在花丛中，谁来比较一下它们的飞行高度呢？

（1）老师播放课件，在画面中呈现不同飞行高度的昆虫，引导幼儿观察比较。

（2）老师引导幼儿根据画面指认，并使用形容词（高、低）描述，然后通过站和蹲的动作模仿飞行高低。

（3）点名邀请幼儿，让他们根据昆虫的飞行高度将昆虫图片粘贴在黑板的不同位置。

3. 昆虫飞呀飞

师：小昆虫飞呀飞，飞进了我们的教室里。看，蝴蝶飞来了，小蜻蜓也飞来了。

（1）老师提前在教室平拉一根绳子，将贴有蝴蝶和蜻蜓的绳子挂到长绳上，通过拉扯绳子改变昆虫的高度。

（2）老师引导幼儿观察比较并使用形容词：高、低。

（3）将幼儿分成两组分别扮演两种昆虫，用动作模仿出昆虫的飞行高低。

（4）老师更换贴有图片的绳子，邀请幼儿尝试拉扯绳子改变昆虫的飞行高度，重复练习表达和动作模仿。

细寻找花园中出现的小昆虫。

（2）老师根据视频内容，出示蜜蜂和蝴蝶的模型，引导幼儿认识。

2. 小昆虫的家

师：小蝴蝶没有固定的住处，它喜欢飞在花丛中，小蜜蜂采了蜜要飞回家休息了。

（1）出示自制蜂巢和自制花丛教具，引导幼儿了解认识。

（2）老师将蜜蜂和蝴蝶的模型分别放入蜂巢和花丛，请幼儿模仿老师拿取昆虫模型放入不同环境。

3. 送昆虫回家

师：看呀，这里有些迷路的蜜蜂和蝴蝶，请小朋友们帮帮它们。

（1）老师将蜜蜂和蝴蝶的彩色图片分别张贴在蜂巢和花丛处，一边讲解一边示范游戏：选择昆虫模型，拿取昆虫模型与彩色图片进行配对，将模型放到正确的环境中。

（2）老师请幼儿拿取昆虫模型，引导幼儿进行配对，并将昆虫模型放入正确的环境中。

4. 分享互动

师：谢谢有爱心的小朋友们帮助小昆虫找到了回家的路。

（1）老师展示蜂巢和花丛教具，引导幼儿回顾帮助小昆虫的感受。

（2）老师点评幼儿的课堂表现，表扬幼儿认真参与、爱护昆虫的行为。

“青蛙吃害虫”的游戏，引导幼儿保护好益虫，并将害虫全部消灭。

4. 护益虫护环境

师：小青蛙把害虫都消灭掉了，剩下的益虫需要大家好好保护它们。

（1）老师向幼儿讲述益虫对大自然的好处，为人类做出的贡献。

（2）引导幼儿说出保护益虫的方法：不捕捉益虫、保护环境等。

活动延伸

在日常生活中学会区分益虫害虫，知道保护益虫，爱护生态环境。

4. 送昆虫回家

师：我们和小昆虫交了朋友，真是有趣的一天！

（1）老师引导幼儿将昆虫教具放回篮子里。

（2）对幼儿的表现进行点评，表扬幼儿积极参与活动。

活动延伸

在户外活动中引导幼儿观察各种不同的昆虫，提高幼儿对昆虫的认识和观察力。

活动延伸

在自然环境中观察真实的蜜蜂和蝴蝶，欣赏自然世界的美景。

附材料

自制蜂巢、自制花丛示例

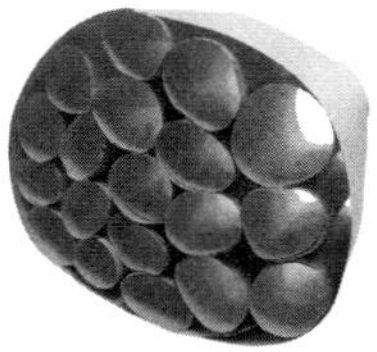

月主题一	动物世界	周主题二	小昆虫大聚会	活动领域	社会

高组	贪吃的毛毛虫	侧重领域	※ 社交技能 ※ 语言表达

有益经验

1. 通过绘本故事，让幼儿了解毛毛虫的生长及其变成蝴蝶的过程。
2. 尝试用肢体动作表现毛毛虫的动作。
3. 能和同伴分享自己的食物。
4. 能体验集体游戏的乐趣。

活动准备

◎歌曲：《贪吃的毛毛虫》
◎绘本：《好饿的毛毛虫》
◎大浴巾每人 1 条
◎水果模型若干
◎椅子每人 1 张

活动过程

1. 讲读绘本

师：有一条调皮的毛毛虫爬来爬去，瞧，它爬进我们的教室了。

（1）播放《好饿的毛毛虫》课件，引导幼儿了解绘本封面的信息。

中组	抓蝴蝶	侧重领域	※ 社交技能 ※ 语言表达

有益经验

1. 能用“形容词 + 名词”的短语描述不同颜色的蝴蝶，如：蓝色的蝴蝶。
2. 尝试用身体动作模仿蝴蝶飞舞，被抓时学会向四处躲闪。
3. 拿着体能圈，与同伴完成你追我跑的游戏。
4. 在抓捕蝴蝶的活动中，提高幼儿追逐、灵活躲避的能力。

活动准备

◎视频：蝴蝶飞舞的录像、用捕虫网抓蝴蝶的动画
◎歌曲：《蝴蝶》
◎体能圈每两人 1 个

活动过程

1. 蝴蝶飞呀飞

师：美丽的蝴蝶像精灵一样翩翩起舞，我们去欣赏一下吧！

（1）播放视频，老师引导幼儿感知美丽的画面。

低组	蚂蚁搬家	侧重领域	※ 社交技能 ※ 语言理解

有益经验

1. 能认识蚂蚁，模仿蚂蚁爬来爬去的运动方式。
2. 能用向前跪走的方式搬运泡沫垫，完成“蚂蚁搬家”的游戏。
3. 能在辅助下与同伴合作拼接泡沫垫组成房子。
4. 能在“蚂蚁搬家”的活动中，体验集体游戏的快乐。

活动准备

◎课件：雷声的音频，蚂蚁、乌云密布的图片
◎视频：介绍蚂蚁搬家的现象
◎歌曲：《蚂蚁搬家》
◎ 60 厘米 ×60 厘米的泡沫垫若干
◎软垫若干

活动过程

1. 蚂蚁有麻烦

师：蚂蚁朋友遇到了一些麻烦，我们一起看看吧！

（1）播放课件，引导幼儿跟读蚂蚁的名称，并向它挥手打招呼。

（2）老师讲读绘本，引导幼儿认识故事内容，说出毛毛虫吃的食物和吃了多少。

（3）请幼儿复述故事内容，说出毛毛虫变成蝴蝶的过程。

2. 角色扮演

师：老师给大家准备了浴巾，想用这个道具变成一条毛毛虫，可以怎么做呢?

（1）出示浴巾，请幼儿讨论如何用浴巾扮演成一条毛毛虫的样子。

（2）请一名幼儿上前，老师用一块浴巾从肩膀位置把幼儿的身体及双手包裹起来，趴下扮演一条毛毛虫。

（3）鼓励扮演毛毛虫的幼儿向前爬行，展示毛毛虫爬来爬去的运动方式。

（4）请幼儿两两相互帮忙，在老师的协助下用浴巾包裹身体扮演一条毛毛虫。

3. 角色游戏

师：快看，食物已经准备好了，我们要学习毛毛虫不挑食的精神，大家准备出发进食吧!

（1）老师按照幼儿的人数横排摆放相应数量的椅子，并在椅子上摆放一个水果模型。

（2）请幼儿在起点处趴下，伴着歌曲《贪吃的毛毛虫》欢快地向前爬行到达目的地，老师把水果放进“肚子”里，等待全部幼儿“吃”到水果。

（3）老师引导幼儿使用类似“一个苹果”的短语来描述自己吃到的水果。

（4）幼儿回到起点，老师在每个椅子上按照每一回合的游戏次数放相应数量的水果模型。

（2）请幼儿用“形容词＋名词”的短语描述不同颜色的蝴蝶，如：蓝色的蝴蝶。

（3）老师引导幼儿双手交叉在胸前，跟随歌曲《蝴蝶》在教室模仿飞舞的动作。

2. 模拟抓蝴蝶

师：蝴蝶也喜欢和人类朋友嬉戏打闹，我们想抓住它一起玩的时候它要飞走，我们一起来看看。

（1）播放抓蝴蝶的视频，请幼儿回答“用什么道具抓”的问题。

（2）老师拿出一个体能圈，用体能圈套住一个小朋友，模仿抓蝴蝶的动作引导幼儿学习。

（3）请幼儿两两为一组，一名幼儿扮演一只蝴蝶飞舞，另一名幼儿用体能圈追捕并“抓住”扮演蝴蝶的幼儿。

3.“抓蝴蝶”游戏

师：玩游戏交朋友，我们一起和小伙伴玩“抓蝴蝶”的游戏吧!

（1）老师将幼儿分成两组，请各组安排1名幼儿扮演追捕人，其余幼儿扮演蝴蝶。

（2）各组轮流玩游戏，每一组以一首歌曲的时间为限，歌曲结束两组比一比抓到的人数。

（3）老师引导幼儿交换角色，继续完成“抓蝴蝶”的游戏。

4. 蝴蝶飞回家

师：“抓蝴蝶”的游戏结束啦，蝴蝶是我们人类的好朋友，我们一起送它回家吧!

（1）老师与幼儿挥手道别。

（2）让幼儿了解蚂蚁因为遇到了糟糕的天气，所以需要搬家的情境故事。

2. 学习蚂蚁搬家

师：天空就要下雨了，蚂蚁朋友自己搬家可来不及，我们主动帮助蚂蚁搬家，好不好?

（1）请幼儿用口语或点头的方式表达意愿。

（2）播放视频，让幼儿了解蚂蚁搬家的形式。

（3）老师一边讲解，一边向幼儿展示如何帮助蚂蚁：双手拿着泡沫垫从起点跪走到终点，把泡沫垫放在指定的地方，引导幼儿学习。

（4）请个别幼儿完成双手拿着泡沫垫并向前跪走的动作。

3. 帮助蚂蚁搬家

师：大家都学会了，现在我们赶紧行动起来，看看能不能在下雨之前完成。

（1）老师在教室以U字形在电视机前摆放软垫，铺成“蚂蚁搬家”的路线。

（2）请幼儿在起点处排队，拿泡沫垫做好出发前的准备。

（3）播放歌曲《蚂蚁搬家》，引导幼儿用跪走的运动方式搬运泡沫垫到终点，再重新出发。

（4）搬运结束，请幼儿回到位置坐好，老师表扬大家的努力。

（5）老师示范把泡沫垫组合成一个“房子”，引导幼儿观察学习。

（6）请幼儿两两合作，助教老师协助幼儿把泡沫垫拼成一个“房子”。

4. 蚂蚁住新家

师：漂亮的新房子已经拼好，蚂蚁终于能在下

（5）老师引导幼儿继续扮演毛毛虫吃水果。

4. 分享互动

师：大家吃得开心，玩得也很开心，我们要像毛毛虫一样不挑食，每天吸取营养才会长得又高又大哦！

（1）请幼儿分享吃到的水果数量和游戏感受。

（2）老师给予表扬。

活动延伸

引导幼儿在日常生活中讲解简单的绘本故事，并演绎绘本内容。

（2）播放歌曲《蝴蝶》，引导幼儿随着欢快的歌声做动作。

活动延伸

在课间或区角活动时可引导幼儿进行合作搭积木的游戏，同时点数所使用的积木数量。

雨之前住上新房子了。

（1）幼儿展示蚂蚁的新家，示范开门、关门的动作。

（2）老师引导幼儿有序摆放“房子”，结束活动。

活动延伸

引导幼儿在家庭环境中搬运大件的物品或和家人合作搬运家具。

附材料

1.“蚂蚁搬家”的路线

2.“蚂蚁的新家”示例

月主题一	动物世界	周主题二	小昆虫大聚会	活动领域	科学

高组	昆虫气象台	侧重领域	※ 语言表达 ※ 粗大动作

有益经验

1. 能认识晴天、阴天、雨天。
2. 能说出昆虫们（蚂蚁、蜻蜓、蜜蜂）预报下雨天气的方式。
3. 能用肢体动作表演小动物在天气变化之前的特殊表现。
4. 探究动物与气象变化之间的奥秘，萌发对大自然的好奇心和探索欲望。

活动准备

◎课件一：晴天、乌云、下雨动态图片
◎课件二：蚂蚁、蜻蜓、蜜蜂的图片
◎视频一：蚂蚁搬家的录像
◎视频二：蜻蜓低飞的录像
◎视频三：蜜蜂回巢的录像
◎音频：下雨声
◎猴子玩偶 1 个

活动过程

1. 认识天气

师：小猴子想出门玩，快帮它看看今天天气怎

中组	长长的泡泡虫	侧重领域	※ 语言表达 ※ 精细动作

有益经验

1. 观察毛毛虫的外形特征，用形容词“长”“短”比较毛毛虫的形态。
2. 初步了解洗洁精溶于水能产生泡泡的现象。
3. 能制作泡泡水，并尝试吹出泡泡虫。
4. 体验不同吹泡泡的方式，感受吹泡泡的乐趣。

活动准备

◎歌曲：《贪吃的毛毛虫》
◎图片：毛毛虫
◎洗洁精 1 瓶
◎裁剪好的半截矿泉水瓶、湿巾、橡皮筋、装有水的盘子，每人 1 份

活动过程

1. 好饿的毛毛虫

师：小小的毛毛虫软绵绵，一伸一缩慢慢爬，

低组	有趣的蚕宝宝	侧重领域	※ 认知 ※ 精细动作

有益经验

1. 能认识昆虫：蚕宝宝。
2. 了解纸吸水后膨胀的特性。
3. 用滴管取水，转移到“蚕宝宝”身上。
4. 能通过实践活动，培养幼儿探究科学的兴趣。

活动准备

◎蚕宝宝 1 只
◎纸制蚕宝宝成品 3 个
◎纸巾每人 1 份
◎筷子每人 1 根
◎黑色彩色笔每人 1 支
◎塑料盘每人 1 个
◎滴管每人 1 根
◎清水适量

活动过程

1. 可爱蚕宝宝

师：老师给小朋友们带来了一只白白胖胖的昆虫

么样。

（1）出示小猴子的玩偶，并带入课件中的不同情境。

（2）播放课件一，引导幼儿观察图片认识晴天。

2. 昆虫好朋友

师：今天天气真好，小猴子要出门玩耍了，一路上它碰见了很多的昆虫好朋友。

（1）老师播放课件二，引导幼儿根据图片认识昆虫，并说出昆虫名称：蚂蚁、蜻蜓、蜜蜂。

（2）逐一播放视频，请幼儿认真观看，观察昆虫们的行为，老师引导幼儿用简单语言描述昆虫的行为。

3. 昆虫气象员

师：小猴子看到了好朋友们的这些行为赶忙跑回家，边跑边说“要下雨了要下雨了”，这是怎么回事呢？

（1）播放课件一，展示乌云的图片引导幼儿观察认识阴天，老师操作猴子玩偶“回家”。

（2）老师向幼儿讲解下雨前的天气变化及昆虫们出现不同行为预测天气变化的原因，引导幼儿学习。

（3）老师切换课件图片，示范不同昆虫在不同天气下的行为：蜻蜓——高飞、低飞；蚂蚁——住家、搬家；蜜蜂——采蜜、归巢。

（4）随机切换课件，请助教老师带领幼儿用肢体动作扮演不同昆虫预报天气变化。

4. 哗啦啦下雨了

师：听，这是什么声音？

（1）播放音频，请幼儿听一听下雨的声音，我们伸出小手请它出来吧！

（1）播放歌曲《贪吃的毛毛虫》，引导幼儿跟随音乐用手指在身体上来回爬动感知节奏。

（2）出示毛毛虫图片，讲解毛毛虫的外形特征，引导幼儿认识。

（3）请幼儿比较两条毛毛虫的外形，说出形容词“长”“短”。

2. 制作工具

师：今天老师带来了一个神奇的物品，通过它可以制作很多长长短短的泡泡虫，一起试试吧。

（1）老师出示1瓶洗洁精，将适量的洗洁精倒入装有水的盘子中，搅拌洗洁精使其溶解，请幼儿观察。

（2）将材料分发给幼儿，请幼儿学习老师的操作，把洗洁精溶于水并搅拌出泡泡。

（3）老师取出半截瓶子，用湿巾包裹住截开处并用橡皮筋固定，请幼儿跟随完成制作。

3. 吹出泡泡虫

师：你们看老师要用手里的工具变出一条又胖又长的泡泡虫。

（1）老师用制作好的瓶子蘸取洗洁精，使毛巾浸润，对着小瓶口慢慢吹出长长的泡沫形成泡泡虫，引导幼儿观察泡沫的变化。

（2）请幼儿取出材料，引导幼儿按照老师的操作步骤尝试吹出泡泡虫。

（3）让幼儿重复蘸取泡沫，多次尝试，体验吹出泡泡虫的乐趣。

（4）将幼儿分成两人一组，在吹出泡泡虫过

宝宝，大家看看这是谁呢？

（1）老师出示蚕宝宝，引导幼儿观察昆虫并认识。

（2）拿出纸做的蚕宝宝和昆虫进行对比，引导幼儿通过触碰、观察感知纸制蚕宝宝的触感、外观。

（3）老师引导幼儿观察蚕宝宝的爬行方式，尝试用手指模仿它的动作。

2. 制作蚕宝宝

师：毛毛虫动来动去真神奇，我们想想怎样才能让纸制蚕宝宝动起来呢？

（1）展示纸制蚕宝宝的成品，向幼儿介绍制作蚕宝宝的材料。

（2）将材料发给幼儿，老师示范制作蚕宝宝的过程，引导幼儿同步进行操作：取出白色纸巾和筷子，将纸巾平铺在桌面，筷子置于纸巾一侧边缘，双手配合将纸巾包裹筷子卷起。

（3）老师将纸巾全部卷起并展示，观察幼儿操作情况并进行下一个步骤示范：将纸巾由下至上推出且拔出筷子，并用笔点出“蚕宝宝”的嘴巴和脚。

（4）引导幼儿按照老师的示范取出“蚕宝宝”并画出嘴巴和脚。

3. 蚕宝宝会爬

师：“蚕宝宝”制作好了，你们相不相信老师能让纸做的蚕宝宝动起来，看！

（1）老师一边演示用滴管吸取清水后滴到“蚕宝宝”身上，一边讲解纸巾遇水膨胀的原理，引导幼儿观察了解。

老师提问幼儿发生了什么。

(2)老师引导幼儿根据声音说出天气：下雨了。

(3)播放课件一，出示下雨的动态图片，老师总结小猴子的判断准确，今天不能出门玩。

活动延伸

观看更多的天气视频，观察下雨前的变化(天变黑、会打雷、刮风、有闪电等)，引导幼儿思考下雨时能否进行户外活动、小朋友要怎样才能外出上学等问题。

程中仔细观察外形，比出长短。

4. 泡泡虫休息了

师：泡泡水用完了，我们也要休息了，请大家帮忙把用具收拾起来！

(1)请幼儿有序收拾用具，把物品进行归位。

(2)老师引导幼儿去洗手间洗手，结束活动。

活动延伸

幼儿可以自己动手制作吹泡泡工具，或制作不同形状的吹泡泡工具进行实验。

附材料

吹泡泡虫示例

(2)分发材料，引导幼儿根据老师的示范步骤吸取清水滴在"蚕宝宝"身上，观察变化。

4. 蚕宝宝回家

师：蚕宝宝们都动起来了，爬呀爬呀，它们爬回了家。

(1)老师引导幼儿把"蚕宝宝"送到指定的盘子里。

(2)带领幼儿收拾整理材料，老师引导幼儿挥手和蚕宝宝道别。

活动延伸

幼儿回家后和爸爸妈妈一起进行实验，尝试在纸巾上画上不同颜色，再卷成条，观察色彩变化。

附材料

纸制蚕宝宝示例

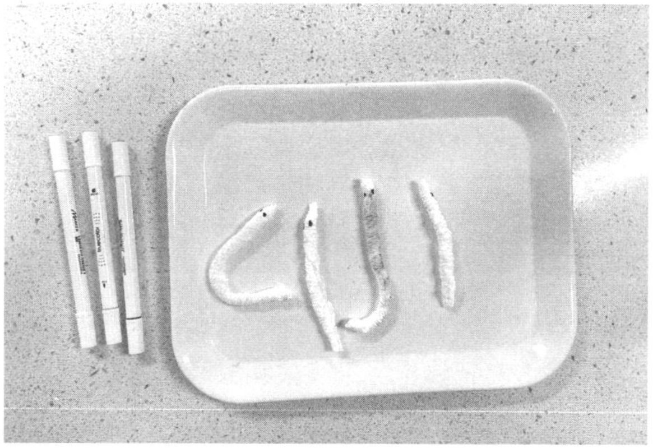

月主题一	动物世界	周主题二	小昆虫大聚会	活动领域	艺术

高组 花园里的蝴蝶

侧重领域：※ 语言表达 ※ 精细动作

有益经验

1. 认识蝴蝶，了解其外形特征。
2. 能用扭扭棒扭出简单的形状。
3. 能正反交替连续折纸。
4. 能在动手制作蝴蝶的过程中，体验到动手的快乐，增强幼儿的动手能力。

活动准备

◎视频：蝴蝶飞舞的录像
◎图片：彩色花园图片 1 张
◎蝴蝶模型 1 个
◎蝴蝶手工作品 1 份
◎彩色卡纸每人 1 张
◎扭扭棒每人 3 根：长、中、短

活动过程

1. 认识蝴蝶

师：是谁在花园里飞来飞去呢？我们来瞧一瞧。

（1）老师播放蝴蝶飞舞的视频，请幼儿观看的同时观察了解不同形态的蝴蝶。

（2）请幼儿描述视频里的内容，如：“蝴蝶在

中组 彩色的毛毛虫

侧重领域：※ 语言表达 ※ 精细动作

有益经验

1. 能认识毛毛虫，说出名称。
2. 按照毛毛虫的特征，用轻黏土搓出不同的形状。
3. 能将轻黏土排列做成毛毛虫的造型。
4. 通过制作毛毛虫的活动，了解昆虫的基本外形特征，体会用轻黏土自由创作昆虫的乐趣。

活动准备

◎图片：彩色毛毛虫图片 1 张
◎毛毛虫手工作品 1 份
◎ 2～3 种不同颜色的轻黏土适量
◎塑料刀每人 1 把
◎硬卡纸每人 1 张

活动过程

1. 认识毛毛虫

师：你们看，这是什么？怎么做出来的？

（1）老师出示制作好的毛毛虫作品，请幼儿观察，认识毛毛虫。

（2）向幼儿介绍毛毛虫的基本特征，并告知

低组 可爱的瓢虫

侧重领域：※ 认知 ※ 精细动作

有益经验

1. 能在绘本中找出瓢虫。
2. 能正确握笔，在指定的范围内涂色且大致不出界。
3. 鼓励幼儿大胆尝试用各种材料制作昆虫，培养动手制作的乐趣。

活动准备

◎绘本：《和我一起数瓢虫》
◎瓢虫模型 1 个
◎用一次性纸盘做成的瓢虫模型每人 1 个
◎彩色笔每人 1 盒

活动过程

1. 可爱的瓢虫

师：我们一起来看看这本绘本里藏有哪只小可爱。

（1）老师拿出绘本《和我一起数瓢虫》，向幼儿展示绘本，并讲读绘本故事。

空中飞”“蝴蝶在吸食花蜜”等。

（3）出示蝴蝶模型，请幼儿观察并说出蝴蝶的外形特征：两对翅膀、一对触角、三对足、细细长长的腹部、彩色的花纹。

2. 手工蝴蝶

师：老师这里有一只漂亮的手工蝴蝶，你们知道它是怎么做出来的吗?

（1）出示手工蝴蝶成品，请幼儿观察手工蝴蝶。

（2）请幼儿说出手工蝴蝶的组成部分及用到的材料，如：头、身体、翅膀、卡纸、扭扭棒等。

（3）老师根据幼儿的答案进行总结，如：彩色卡纸做成的翅膀，扭扭棒做成的头、触角和腹部等。

3. 制作蝴蝶

师：你们观察得真仔细，现在我们一起来做做看吧。

（1）请幼儿领取手工材料，回到位置坐好。

（2）老师引导幼儿将彩色卡纸以1厘米的宽度按照折扇子的方式正反交替折叠。

（3）请幼儿模仿老师把扭扭棒放在卡纸中间对折，再把扭扭棒的两头各盘旋起来做触角。

（4）拿出一根扭扭棒在触角根部缠绕一圈做头，在卡纸底部的扭扭棒上插入一根扭扭棒扭成腹部，请幼儿参照学习。

（5）将折好的彩色卡纸舒展开成蝴蝶的翅膀，做出蝴蝶成品。

（6）请幼儿展示自己的“蝴蝶”，老师给予表扬。

幼儿手工毛毛虫是用一个个泥球连接而成的。

（3）请幼儿简单描述毛毛虫的基本特征。

2. 制作毛毛虫

师：可爱的毛毛虫真好看，你们想要可爱的毛毛虫吗？大家一起动手做一做吧。

（1）拿出制作毛毛虫需要用到的材料，老师向幼儿介绍及讲解使用方法。

（2）将不同颜色的轻黏土切小块并搓成大小一致的泥球，接着把不同颜色的泥球拼接在一起形成一条毛毛虫的身体，再用黑色黏土做成触角和眼睛。

（3）老师引导幼儿说出制作步骤，加深认识。

（4）老师给幼儿分发适量的材料，并告知幼儿使用过程中要注意卫生安全。

（5）幼儿根据示范制作毛毛虫，老师巡回指导及适当辅助。

3. 展示毛毛虫

师：看看谁做的毛毛虫又肥又长。

（1）请两名幼儿拿着自己的作品，其他幼儿比较两人做的毛毛虫的大小、长短。

（2）老师将幼儿分成两人一组，并按顺序上前进行作品的比较。

（2）请幼儿摸一摸、找一找、指一指书中的瓢虫在哪里。

（3）展示完整的瓢虫模型，请幼儿观察瓢虫的外形和颜色。

2. 观察瓢虫

师：小朋友们看看，这只瓢虫有什么不一样?

（1）展示瓢虫模型，请幼儿对比观察瓢虫少了什么。

（2）老师引导幼儿指一指、说一说，原来是没有涂颜色。

3. 制作瓢虫

师：我们帮助瓢虫穿上美丽的外衣吧！

（1）出示彩色笔，老师选择红色彩色笔在纸盘上涂满颜色，再选择黑色彩色笔在圆圈里涂上黑色，以作示范。

（2）分发瓢虫模型和彩色笔，请幼儿选出红色和黑色的笔做好涂色的准备。

（3）请幼儿涂色，老师引导幼儿在图案范围内涂上指定的颜色。

4. 展示作品

师：我们来比一比，看哪只瓢虫的衣服最漂亮。

（1）教师引导所有幼儿将瓢虫摆放在桌子上。

（2）幼儿欣赏作品，并引导幼儿相互夸赞。

4. 蝴蝶吸食花蜜

师：蝴蝶是在花园里吸食花蜜的，我们把蝴蝶送到花园里吧。

（1）老师出示一张彩色花园图片。

（2）请幼儿将手工蝴蝶贴在花园图片上。

活动延伸

在日常生活中，可以鼓励幼儿观察蝴蝶的特征，大胆地描绘蝴蝶飞舞的美景。

附材料

蝴蝶手工作品

活动延伸

在日常生活中可以利用不同物品如纽扣、瓶盖等，制作不同姿态的毛毛虫，提高幼儿的创作能力和动手能力。

附材料

毛毛虫手工作品

活动延伸

在日常生活中可以利用不同的物品如纸盘、纸杯、盒子等进行涂色练习，培养幼儿的实践能力和涂色能力。

附材料

瓢虫涂色效果示意图

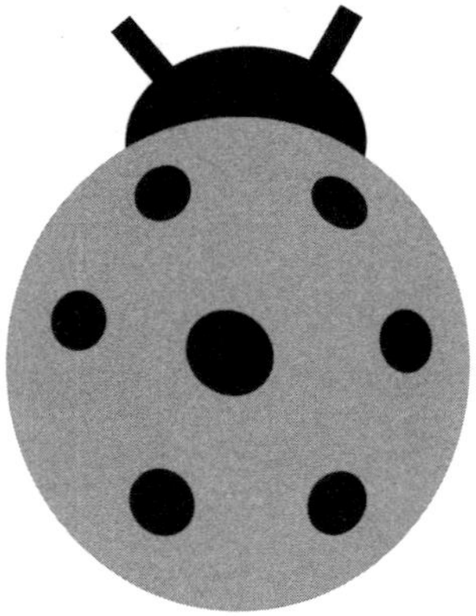

月主题一	动物世界	周主题三	野生动物王国	活动领域	健康

高组	鸵鸟觅食	侧重领域	※ 粗大动作 ※ 认知

有益经验

1. 了解鸵鸟的饮食习惯及外形特征。
2. 能将泡沫砖放在背部弯腰向前行走。
3. 能在物品中找出鸵鸟的食物：水果、树叶、蔬菜等。
4. 体验模仿的喜悦，激发表演的兴趣。

活动准备

◎视频：介绍鸵鸟的形态、鸵鸟爱吃的食物
◎篮子 1 个
◎贴上水果、蔬菜、食物图片的泡沫砖 30 块
◎时令水果若干

活动过程

1. 认识鸵鸟

师：有只鸟儿真奇怪，不会飞来跑得快，生的蛋儿大又多，敌人来了藏脑袋。你们猜猜它是谁？
（1）请幼儿讨论并说出自己的答案，同时播放视频，验证幼儿讨论的答案。

中组	青蛙抓害虫	侧重领域	※ 粗大动作 ※ 认知

有益经验

1. 认识青蛙和它的运动方式。
2. 能扮演青蛙完成手足跳的动作。
3. 能够说出抓到的“害虫”是什么颜色的。
4. 通过集体扮演青蛙抓害虫的活动，体验收获的乐趣，促进幼儿的协作能力。

活动准备

◎视频：青蛙捕食的录像
◎歌曲：《小跳蛙》
◎青蛙头饰每人 1 个
◎青蛙发条玩具 1 只、神秘箱 1 个
◎扭扭棒做成的“害虫”若干
◎盒子每人 1 个

活动过程

1. 认识青蛙

师：猜一猜箱子里有什么呢？
（1）出示神秘箱，请幼儿伸手进去摸一摸，说一说箱子里面是什么东西。
（2）老师从箱子拿出青蛙玩具，请幼儿说出青蛙的名称。

低组	小象秀球技	侧重领域	※ 粗大动作 ※ 认知

有益经验

1. 认识大象，了解大象的活动方式。
2. 能以四点跪位的方式模仿大象向前爬行。
3. 感受集体活动的乐趣，培养幼儿对集体活动的参与感。

活动准备

◎视频：大象走路和踢球的录像
◎大象模型 1 个
◎皮球每人 1 个
◎桌子 2 张
◎食物若干

活动过程

1. 认识大象

师：长长的鼻子、大大的耳朵，这是什么动物呢？
（1）老师出示大象模型，请幼儿摸一摸、看一看、认一认。
（2）播放视频，请幼儿观看并了解大象行走的

（2）老师播放关于鸵鸟的课件，引导幼儿认识鸵鸟的外形特征：细长的腿、细长的脖子、小小的头、大大的翅膀、大大的身体。

（3）播放视频，引导幼儿了解鸵鸟的饮食习惯。

2. 鸵鸟走路

师：鸵鸟有细细长长的腿、大大的身体，走起路来是什么样的呢？请大家来看看吧。

（1）播放视频，引导幼儿观察鸵鸟走路的姿势。

（2）老师弯腰，双手放膝盖上，模仿鸵鸟向前走，请幼儿观察学习。

（3）请所有的幼儿排成一排，沿着教室的地线模仿鸵鸟走一圈。

3. 鸵鸟觅食

师："小鸵鸟"们弯着腰，走路摇摇晃晃的样子真是太有趣啦！走了那么久，"小鸵鸟"们也饿了吧，现在我们出发去找食物吃咯。

（1）助教老师在教室贴一条地线作为起点，教室的另一端贴一条地线作为终点，并在终点放置贴有不同物品图片的泡沫砖若干块。

（2）老师模仿鸵鸟向前走，从起点出发，走到终点处，从一堆不同的物品中找出一个贴有鸵鸟爱吃的食物图片的泡沫砖，并放到背上返回起点，回到起点处把泡沫砖放进篮子里，以作示范。

（3）老师组织幼儿在起点处排队，依次进行寻找食物的活动。

4. 品尝美食

师："小鸵鸟"们找了好多美味的食物回来了，我们一起来品尝吧！

（3）扭动青蛙玩具发条，引导幼儿观察青蛙的运动方式。

2. 青蛙跳

师：小青蛙跳跳跳真好玩，我们一起来学小青蛙的本领吧！

（1）老师以蹲姿双手触地向前跳，请幼儿观察学习。

（2）请全体幼儿跟随歌曲《小跳蛙》模仿青蛙向前跳。

3. 抓害虫

师：农民伯伯打来电话，田地里有好多害虫，小青蛙们快去帮忙吧。

（1）播放视频，请幼儿观察青蛙抓害虫的方式。

（2）助教老师在教室的一端贴一条地线作为起点，在教室的另一端贴一条地线作为终点，并在终点放置不同颜色的"害虫"。

（3）老师和个别幼儿佩戴青蛙头饰分别扮演青蛙妈妈和小青蛙，从起点以青蛙跳的方式跳到终点，抓到"害虫"后返回，说出"害虫"的颜色，并放到盒子里。

（4）老师给每个幼儿分发青蛙头饰，引导幼儿佩戴好，并带领幼儿出发去抓"害虫"。

4. 害虫分类

师："小青蛙"们真能干，抓了好多"害虫"，现在把"害虫"按颜色分类放好吧！

（1）老师引导幼儿把自己抓到的害虫在自己的位置上进行颜色分类。

（2）老师对全体幼儿认真参与游戏的行为进方式。

（3）请个别幼儿上前以四点跪位的方式模仿大象向前爬行。

2. 小象玩球

师：大象们走起路来真可爱呢，看看它走着走着又干什么去了。

（1）播放视频，引导幼儿观看了解大象玩球的动作技能。

（2）老师出示皮球，然后和助教老师以四点跪位的方式模仿大象玩球。

（3）请班级幼儿两人一组扮演大象在垫子上以四点跪位的方式相互踢球。

3. 小象射门

师：小象擅长踢足球，能够把球稳稳踢进球门，我们一起学习它的本领吧。

（1）助教老师在教室的两端分别放置 2 张桌子作为球门。

（2）老师以四点跪位的方式爬行到皮球前，用手将皮球推向球门。

（3）请幼儿上前体验射门游戏，老师给予必要的辅助。

（4）将幼儿两两分组，轮流进行射门比赛，老师对参与比赛的幼儿进行鼓励表扬。

4. 小象休息

师：踢球真累呀，小象们的球技真好！让我们休息一下吧。

（1）老师组织幼儿坐回自己的位置。

（2）拿出提前准备好的食物分给幼儿品尝。

（1）老师引导幼儿围坐在装有食物的篮子周围。
（2）老师把提前准备好的水果分给幼儿品尝。

活动延伸

在户外活动中，鼓励幼儿多尝试使用不同的健身器材模仿动物走路，增强孩子的模仿能力和运动能力。

行评价，并给予相应的奖励。

活动延伸

在课余活动中，组织幼儿进行各种动物角色的扮演活动，激发幼儿的丰富想象力，同时提高幼儿的肢体运动能力。

活动延伸

在家庭日常生活中，家长可与幼儿多开展有趣的亲子互动游戏，增进亲子感情，同时促进幼儿的粗大运动能力的发展。

月主题一 | 动物世界	周主题三 | 野生动物王国	活动领域 | 语言

高组	野生动物园	侧重领域	※ 语言表达 ※ 认知

有益经验

1. 能用数词和量词表达动物的数量：2 只老鹰、4 条鳄鱼、3 头犀牛等。
2. 能根据出示的动物图片描述该动物的栖息地。
3. 能把动物模型送回相应的栖息地。
4. 通过对动物栖息地的认识，增强幼儿对野生动物的保护意识。

活动准备

◎课件一：野生动物
◎课件二：野生动物栖息地
◎图片：老鹰、鳄鱼、犀牛的栖息地图片各 2 张
◎野生动物模型若干

活动过程

1. 野生动物

师：森林里有许多的动物，你们都认识哪些呢？

（1）请幼儿讨论并说出自己认识的野生动物有哪些，各有什么特征。

中组	动物之最	侧重领域	※ 语言表达 ※ 认知

有益经验

1. 能认识野生动物：犀牛、蜂鸟、长颈鹿、乌龟、蜥蜴、鳄鱼。
2. 通过观察动物的图片，说出动物的基础特征。
3. 能比较动物的特点并进行表述，如最长、最大、最高。
4. 通过对野生动物的认识，提高对野生动物的保护意识。

活动准备

◎课件：犀牛、蜂鸟、长颈鹿、乌龟、蜥蜴、鳄鱼的图片
◎视频：展示动物园里的各种动物
◎歌曲：《动物世界真奇妙》
◎图片：犀牛、蜂鸟、长颈鹿、乌龟、蜥蜴、鳄鱼图片每种 1 张

活动过程

1. 说一说

师：哪里的动物最多？谁知道？

（1）请幼儿讨论问题，说出答案：动物园。

（2）播放视频，请幼儿说出自己在动物园里

低组	动物调查表	侧重领域	※ 语言理解 ※ 认知

有益经验

1. 能认识野生动物：老虎、大象、熊猫。
2. 能根据动物图片找到相应的动物模型进行匹配。
3. 通过寻找动物，提高幼儿的观察能力，增强幼儿对野生动物的保护意识。

活动准备

◎视频：展示野生动物园的内容
◎图片：印有老虎、大象、熊猫的 A4 纸，每人 1 张
◎老虎、大象、熊猫模型各 3 个
◎马克笔每人 1 支
◎食物模型一批

活动过程

1. 认识野生动物

师：小朋友们，欢迎大家来体验饲养员的工作，老师给大家介绍一下动物朋友吧。

（1）播放视频，引导幼儿观看，初步认识动物。

（2）出示野生动物模型，引导幼儿认识，并说出动物名称。
（3）播放课件一《野生动物》，引导幼儿用合适的量词表达动物的数量，如：2只老鹰、4条鳄鱼、3头犀牛。

2. 动物住哪里

师：我们认识了很多动物，让我们一起去看看它们住在哪里吧。
（1）播放课件二《野生动物栖息地》，请幼儿观察动物的栖息地：鳄鱼——河里，犀牛——草原等。
（2）请个别幼儿根据课件中的动物图片描述该动物的栖息地。
（3）老师询问动物的家在哪里，请幼儿根据动物的栖息地，回答相应的问题。

3. 送动物回家

师：这里有一些动物找不到它们的家了，请大家来帮助动物朋友找到居住的地方吧。
（1）出示动物模型，请幼儿说出它们的栖息地。
（2）依次出示动物的栖息地图片，请个别幼儿分别说出是哪个动物的家。
（3）将幼儿分成两组，分发动物模型及栖息地图片每组1份，引导幼儿将动物模型放到相应的栖息地图片上。

看到了哪些动物。
（3）播放课件，引导幼儿进一步认识并说出野生动物的名称：犀牛、蜂鸟、长颈鹿、乌龟、蜥蜴、鳄鱼。

2. 找一找

师：每种野生动物都长得不一样，大家一起来找一找这些动物哪里不一样吧。
（1）出示野生动物图片，引导幼儿根据图片讨论野生动物的特征。
（2）邀请幼儿说出野生动物的特征，如：长颈鹿的脖子很长，乌龟的尾巴很短，蜥蜴的身体很长，鳄鱼的牙齿很尖等。
（3）老师根据幼儿的描述对动物的特征进行总结，引导幼儿保护身边的野生动物。

3. 比一比

师：野生动物有的大有的小，有的高有的矮，有的长有的短，现在我们来比比看吧。
（1）出示犀牛和蜂鸟、长颈鹿和乌龟、蜥蜴和鳄鱼的图片，引导幼儿说出动物的不同之处，如：犀牛大、蜂鸟小；长颈鹿高、乌龟矮等。
（2）出示三种动物的图片，比较野生动物的特征，并用副词和形容词表述，如：鳄鱼最长、犀牛最大、长颈鹿最高等。
（3）根据出示的动物图片请幼儿用副词和形容词表述动物的特征。
（4）老师肯定幼儿积极的表现，活动结束。

（2）老师向幼儿介绍动物的名称和特征。

2. 小小饲养员

师：今天请小小饲养员们一起来查一查，动物园里的动物是否在自己的家里。
（1）出示动物图片，请幼儿指一指、认一认图片上的动物。
（2）老师将动物模型分别放在三张桌子上，带领幼儿看一看、查一查。
（3）老师走到桌子前，根据看到的动物模型在相应的动物图片上打“√”做记录，直至把所有的动物全部找到，完成匹配。
（4）请幼儿领取动物图片，回到位置上坐好并等待。
（5）老师按顺序带领幼儿完成动物模型与图片配对的工作。
（6）老师检查配对情况，并肯定幼儿的行为。

3. 一起喂动物

师：小朋友们工作特别认真，真是太棒了，小动物们也饿了，我们赶紧给它们喂食吧。
（1）出示食物模型，老师表演给动物喂食。
（2）老师引导幼儿有序领取食物模型并喂食。

活动延伸	活动延伸	活动延伸
在生活中引导幼儿学会爱护身边的动物。	日常生活中引导幼儿用副词和形容词描述动物的特征。	去动物园时尝试按要求投喂动物，或尝试照顾家中的宠物，加强幼儿保护动物的意识。

月主题一	动物世界	周主题三	野生动物王国	活动领域	社会

高组	老狼老狼几点钟	侧重领域	※ 社交技能 ※ 语言表达

有益经验

1. 能认识野生动物，说出动物名称。
2. 能认识时钟钟面，并说出 10 点钟以内的整点时间。
3. 能进行简单的角色扮演游戏。
4. 能在集体游戏中体验角色扮演的乐趣。

活动准备

◎视频：狼追逐羊群的录像
◎图片：1 点钟至 10 点钟的整点时间钟面图片各 1 张
◎大灰狼头饰 1 个、小羊头饰若干
◎时钟 1 个

活动过程

1. 追逐羊的狼

师：小朋友们快看，在这个野生动物王国里发生了什么？

（1）播放视频，引导幼儿说出视频中出现的动物的名称。

（2）老师请幼儿仔细观看视频，说出视频中

中组	踩尾巴	侧重领域	※ 社交技能 ※ 语言表达

有益经验

1. 能认识野生动物。
2. 能比较动物尾巴的长短。
3. 能与同伴进行竞赛性游戏。
4. 能遵守游戏的规则，感受游戏的快乐。

活动准备

◎课件：狮子、老虎、狗熊、松鼠、猴子的彩色图片
◎歌曲：《早安大森林》
◎图片：狮子、老虎、狗熊、松鼠、猴子的尾巴图片各 1 张
◎绳子做的尾巴道具，每人 1 条

活动过程

1. 动物的尾巴

师：欢迎小朋友们来到动物王国！

（1）播放课件，幼儿观察野生动物图片，进行初步认识，老师引导幼儿说出图片中动物的名称。

（2）出示动物尾巴细节图，老师引导幼儿观

低组	猴子和鳄鱼	侧重领域	※ 社交技能 ※ 语言理解

有益经验

1. 能认识野生动物：猴子、鳄鱼。
2. 能完成蹲下的动作躲避“鳄鱼”。
3. 能参与由大人带领的群体性游戏。
4. 通过群体性游戏，体验与同伴游戏的乐趣。

活动准备

◎课件：小猴子荡秋千的图片
◎童谣：《五只猴子荡秋千》
◎猴子手偶 1 个、鳄鱼手偶 1 个
◎猴子头饰每人 1 个、鳄鱼头饰 1 个
◎触觉垫每人 1 块

活动过程

1. 荡秋千的猴子

师：小朋友们，你们看是谁在那里玩荡秋千呀？

（1）播放课件，请幼儿仔细观看视频中出现的野生动物。

（2）老师出示猴子手偶，引导幼儿认识野生

发生的事件：狼在追逐羊群。

2. 认时间的大灰狼

师：嗷呜！大灰狼来了，还带来了他新买的时钟。

（1）老师戴上大灰狼头饰，模仿大灰狼的姿势吸引幼儿注意。

（2）出示时钟，引导幼儿认识钟面和指针。

（3）老师将指针分别调转到 10 点钟以内不同的整点时间，引导幼儿观察时针变化并说出钟面表示的时间。

3. 问时间的羊

师：有一群想问时间的小羊出现了，正好碰上了知道时间的大灰狼，接下来会发生什么事情呢?

（1）老师扮演大灰狼，助教老师扮演小羊示范游戏并介绍规则。大灰狼背对着羊群站在教室前方，羊群站在安全线后向大灰狼提问："老狼老狼几点钟？"大灰狼根据出示的钟面图片说出相应的整点时间，羊群根据时间向前走相应步数，重复以上步骤。当大灰狼回答："开饭了！"后转身追逐羊群，羊群需要快速返回安全线。

（2）邀请 1 名幼儿扮演大灰狼、3 名幼儿扮演小羊，老师引导幼儿根据游戏规则进行演示，其余幼儿观看学习。

4. 老狼老狼几点钟

师：凶猛的大灰狼骗得小羊越走越近，原来是要吃掉温顺的小羊，小羊们可不要被抓住了哦！

（1）老师邀请一名幼儿佩戴大灰狼头饰扮演

察动物尾巴的长度，两两一组进行对比并说出形容词"长""短"。

（3）老师根据幼儿的比较结果，将所有动物的尾巴按从长到短的顺序排列，向幼儿展示。

2. 我的长尾巴

师：小朋友们想不想体验一下拥有尾巴的感觉呀?

（1）老师和助教老师将道具尾巴佩戴在腰上，向幼儿展示长长的尾巴。

（2）老师将尾巴逐一发给幼儿并佩戴好，请幼儿感受有尾巴的不同感觉。

（3）请幼儿上前展示自己的尾巴，并互相比较尾巴的长短。

3. "踩尾巴"大赛

师：我们也拥有长长的尾巴了，接下来让我们一起戴着它玩一个"踩尾巴"的游戏吧。

（1）老师讲解"踩尾巴"游戏的规则，同时和助教老师进行游戏示范：游戏开始，老师和助教老师站在教室中间，想办法将对方的尾巴踩掉，同时注意保护好自己的尾巴。

（2）邀请 3—4 名幼儿上前，让其根据游戏规则进行游戏尝试，老师引导其余幼儿学习。

（3）老师请幼儿站到教室中间区域，播放音乐，发出游戏开始的指令，引导全体幼儿按照规则进行游戏。

4. 结束游戏

师：游戏结束！哇，你们真厉害，我们来看看谁的尾巴没有被踩掉。

动物：猴子。

2. 鳄鱼来了

师：小猴子开心地荡着秋千，这时，一只凶猛的鳄鱼爬了过来！

（1）老师一边念唱童谣《五只猴子荡秋千》，一边左右摇摆手偶模拟猴子荡秋千的状态，引导幼儿聆听。

（2）根据念唱内容，老师从背后拿出鳄鱼手偶，操作手偶模拟鳄鱼咬猴子的画面。

（3）老师将鳄鱼手偶靠近幼儿，模拟鳄鱼嘴巴开合咬人，引导幼儿躲避。

3. 躲避鳄鱼

师：凶猛的鳄鱼真可怕，可不要被它咬到哦！

（1）将猴子头饰发给幼儿和助教老师，让他们佩戴并扮演猴子，老师佩戴鳄鱼头饰扮演鳄鱼。

（2）老师请助教老师上前演示游戏：老师念唱童谣，助教老师扮演猴子站在触觉垫上跟随节奏摆动身体，当念唱到"鳄鱼来了，鳄鱼来了，嗷嗷嗷"时，老师伸出鳄鱼手偶"咬人"，助教老师蹲下躲避。重复以上。

（3）将触觉垫围成圈摆放，请幼儿站在触觉垫上，老师站在圈内。

（4）老师念唱童谣，引导幼儿根据示范进行游戏，完成蹲下躲避"鳄鱼"的动作。

4. 鳄鱼回家了

师：小猴子们真灵活，鳄鱼咬不到，饿着肚子回家了。小猴子们安全了，快休息一下吧！

（1）老师将鳄鱼手偶藏起来，引导幼儿收回大灰狼，其余幼儿佩戴小羊头饰。
（2）引导幼儿根据角色站到对应位置进行游戏准备。
（3）播放歌曲，老师引导羊群提问，游戏开始。
（4）老师随机向大灰狼出示各整点时间钟面图片，引导大灰狼回答并做出反应。
（5）每次请一名被抓住的小羊与大灰狼互换身份重复进行游戏。

5. 游戏结束

师：凶猛的大灰狼和温顺的小羊都很厉害，大灰狼能抓到食物也能保护自己，这就是野生动物生存的规则！
（1）老师表扬幼儿积极参与游戏的行为，并给予奖励。
（2）组织幼儿离开活动场地，回到自己的座位休息。

活动延伸

在生活情境中与同伴进行追逐游戏，并能交换角色进行游戏。

（1）老师引导幼儿观察谁的尾巴没有被踩掉，其余幼儿为尾巴没有被踩掉的同学鼓掌祝贺。
（2）老师表扬幼儿遵守游戏规则，认真完成比赛的行为。

活动延伸

老师在课余时间可以引导幼儿做一些竞赛性游戏，如抢椅子。

触觉垫并回到座位休息。
（2）称赞幼儿积极躲避“鳄鱼”攻击的行为。

活动延伸

引导幼儿在户外活动中和大人互换猴子和鳄鱼的角色进行游戏。

月主题一	动物世界	周主题三	野生动物王国	活动领域	科学

高组	动物身上学本领	侧重领域	※ 认知 ※ 语言表达

有益经验

1. 了解动物的本领。
2. 了解特定物品及其功能。
3. 根据物品外形特征及功能关联到动物的本领：老鹰——飞机，野猪——防毒面罩，袋鼠——育儿袋，长颈鹿——宇航服。
4. 感受发明创造的魅力。

活动准备

◎课件一：老鹰、野猪、雌性袋鼠、长颈鹿的图片

◎课件二：飞机、防毒面罩、育儿袋、航空服的图片

◎图片：萤火虫、壁虎、螳螂彩色图片各 1 张

◎灯泡 1 个、吸盘挂钩 1 个、锯子模型 1 个

活动过程

1. 动物的本领

师：小朋友们，你们相信动物可以当我们人类的老师吗？你们都不相信？那让我们来看看动物们都有什么本领吧。

中组	消失的家园	侧重领域	※ 认知 ※ 精细动作

有益经验

1. 认识北极熊及其生存环境。
2. 利用滴管进行“冰川融化”实验，了解气候变暖的危害。
3. 激发幼儿探索自然奥秘的欲望，培养保护自然、保护动物家园的意识。

活动准备

◎视频一：介绍北极熊及其生活环境

◎视频二：《Migrants》动画短片

◎实验盘 5 个

◎小苏打、清水适量

◎滴管每人 1 根

◎北极熊模型 5 个

◎清水、柠檬酸、蓝色色素混合液若干

活动过程

1. 北极熊的家

师：今天老师邀请小朋友们去看一看北极熊住的地方是什么样子的，请你们认真看。

（1）播放视频一，引导幼儿观看视频，认识北

低组	午安动物	侧重领域	※ 认知 ※ 粗大动作

有益经验

1. 认识常见的野生动物：老虎、长颈鹿。
2. 认识野生动物的睡觉方式。
3. 模仿动物的睡觉动作：趴着睡、站着睡。
4. 探索动物睡觉的奥秘，并尝试用动作表现不同动物的睡觉方式。

活动准备

◎课件：猩猩、犀牛、河马的图片，老虎、长颈鹿睡觉的图片

◎歌曲：《大家都睡了》

◎乐曲：《秋日私语》

◎大运动垫 2 张

◎老虎、长颈鹿、猩猩、犀牛、河马模型各 1 个

活动过程

1. 乖乖睡觉

师：天黑了，宝宝们要睡觉了。

（1）老师拉上教室窗帘，关闭灯光模拟晚上天黑的场景。

（1）播放课件一，请幼儿观察并说出动物的名称。

（2）老师引导幼儿思考，讨论并说一说动物的本领。

（3）老师向幼儿讲解知识：老鹰飞得又高又快，野猪的鼻子有防毒作用，雌性袋鼠有育儿袋，长颈鹿的皮肤有抗压力作用等。

2. 找找动物老师

师：正因为动物有很多的本领，人类把它们当作老师，发明创造出了很厉害的东西。

（1）播放课件二，引导幼儿认识人类发明创造的物品。

（2）将幼儿分为四组，老师给每组分配一样物品，引导幼儿讨论该物品的功能并关联到野生动物的本领。

（3）老师引导各个小组的幼儿说出本组的讨论结果，并选择对应本领的“动物老师”。

（4）老师公布正确答案，并解释发明创造的缘由，引导幼儿学习。

3. 向动物学习

师：除了图片里这些动物老师，还有很多动物也能成为我们的老师。我们来看一看能从它们身上学到什么吧！

（1）老师出示萤火虫、壁虎、螳螂的彩色图片，引导幼儿思考问题并说出自己的想法。

（2）分别出示灯泡、吸盘挂钩、锯子模型，老师展示使用方法，请幼儿观察。

（3）引导幼儿通过物品功能关联到动物的本领，并进行配对。

极熊及其生活环境。

（2）老师出示材料，在实验盘上混合小苏打和清水，用手把混合物捏成冰川的形状，模拟北极熊生活的冰川环境，请幼儿观察。

（3）邀请幼儿将北极熊的模型摆放在冰川模型上，进行观察。

2. 变暖的气候

师：北极熊开心快乐地生活在冰川，但是天气越来越热，冰川渐渐融化，北极熊的家园发生了什么变化呢？

（1）播放视频二，引导幼儿观看，了解冰川融化的危害。

（2）老师向幼儿解释气候变暖的原因：尾气排放、森林面积锐减、海洋污染等，结合动画短片内容描述北极熊的处境。

（3）老师用滴管吸取混合液滴入实验盘，请幼儿观察冰川模型的变化。

3. 消失的冰川

师：随着全球气候变暖，北极熊的家园冰川正在融化，请小朋友们动手试一试，感受温度升高对冰川的影响！

（1）老师将幼儿分成4组，每组发一套实验材料。

（2）老师带领幼儿在实验盘上混合小苏打和清水，用手将混合物捏成冰川的形状，并引导幼儿将混合液滴在冰川上。

（3）老师引导幼儿观察，感受冰川融化，并将手置于实验盘上方感受温度变化。

（2）播放歌曲，引导幼儿到垫子处躺下睡觉，老师记录睡觉场景。

2. 野生动物

师：天亮啦！小朋友们快起床吧，我们今天要一起去野生动物园逛一逛。

（1）拉开窗帘，打开教室灯光。老师引导幼儿起床并找到座位坐好。

（2）将野生动物模型摆放在桌面，引导幼儿观察。

（3）播放课件，老师请幼儿观察图片，引导幼儿找出正在睡觉的动物：老虎和长颈鹿。

（4）拿出动物模型，结合课件向幼儿讲解动物的睡觉姿势：老虎趴着睡，长颈鹿站着睡。

3. 动物午休

师：中午到了，动物园里的老虎和长颈鹿在午睡，一起来看一看它们的睡觉姿势吧。

（1）老师根据课件图片逐一模仿动物睡觉的动作，引导幼儿观察学习。

（2）邀请个别幼儿上前模仿动物睡觉的动作，其余幼儿观察。

（3）请全体幼儿根据课件图片，模仿并体验相应动物的睡姿。

4. 宝贝午安

师：中午动物们都困了，我们也陪它们一起休息一会儿吧！

（1）播放乐曲，请幼儿来到垫子上休息，老师说出动物名称，带领幼儿模仿动物做出相应的睡姿。

（4）邀请幼儿上前试用物品，感受发明创造的魅力。

活动延伸

家长和幼儿一起发现更多的动物本领、与动物仿生学有关的发明创造。

4. 保护环境

师：北极熊失去家园会伤心无助，我们要怎么做才能保护环境，保护北极熊的家呢？

（1）老师请幼儿思考讨论，并邀请几名幼儿上台表达如何保护环境。

（2）老师对幼儿的回答进行总结，鼓励幼儿从身边的小事做起，学会保护环境。

活动延伸

家长课后引导幼儿从日常生活中的小事做起，学会保护环境，爱护动物。

附材料

“北极熊生活的冰川”示例

（2）老师再次播放乐曲，引导幼儿模仿自己喜欢的动物的睡姿睡觉。

活动延伸

幼儿和爸爸妈妈一起做模仿动物睡觉的动作，比比看谁学得像。

月主题一	动物世界	周主题三	野生动物王国	活动领域	艺术

高组	森林狂想曲	侧重领域	※ 语言表达 ※ 粗大动作

有益经验

1. 能认识野生动物，分辨野生动物的叫声。
2. 能扮演野生动物参与音乐会。
3. 能根据音乐节奏向前、向后、围圈走。
4. 在大自然的音乐环境里获得丰富的情感体验。

活动准备

◎音频：老虎、大象、狼、蛇的叫声
◎乐曲：《森林狂想曲》
◎老虎、大象、狼、蛇的头饰若干
◎大堂鼓每人 1 个

活动过程

1. 动物叫声

师：森林里住着许多的动物，听一听，都有谁呢？

（1）老师播放动物叫声的音频，请幼儿仔细听。

中组	大象之舞	侧重领域	※ 语言表达 ※ 社交技能

有益经验

1. 能认识大象，并说出其基本特征：长鼻子、大耳朵。
2. 能听指令做出大象甩鼻子、扇耳朵的动作。
3. 能与同伴进行互动游戏（双人舞、集体舞）。
4. 在互动中感受与同伴互相支持、合作游戏的快乐。

活动准备

◎视频：儿歌动画《哐哐大象》
◎歌曲：《大象》
◎约 2 米长的绳子每人 1 根

活动过程

1. 认识大象

师：森林里住着一头鼻子长长的、耳朵大大的动物，你们猜猜它是谁？

（1）老师引导幼儿根据描述说出动物名称：

低组	大象	侧重领域	※ 认知 ※ 粗大动作

有益经验

1. 能认识大象。
2. 能用手部动作和脚部动作模仿大象的动作。
3. 能在音乐游戏中感受韵律活动带来的欢乐。

活动准备

◎课件：大象、大象走路动作、大象甩鼻子的动作图片
◎视频：表现大象外形特征的内容
◎歌曲：《大象浇花》
◎大象模型 1 个
◎大象头饰每人 1 个
◎魔法棒 1 根

活动过程

1. 认识大象

师：咚咚咚！大森林里来了一位大朋友，我们来看一看它是谁。

（1）播放视频，并简单介绍大象的特征，引

（2）请幼儿自由讲述：音频中有哪些野生动物。

2. 角色扮演

师：森林里的动物音乐会准备开始了，谁想扮演动物去参加音乐会呢？

（1）出示动物头饰，请幼儿选择自己喜欢的头饰戴上扮演动物。

（2）请幼儿模仿自己所扮演的动物的叫声，并说出动物的名称。

3. 参加音乐会

师：会场的音乐响起来了，请小动物们跟着音乐打节奏吧。

（1）播放乐曲《森林狂想曲》，引导“动物”们欣赏音乐，感知乐曲的节奏。

（2）再次播放乐曲，老师边听乐曲边拍打节奏：A 段乐曲拍手拍腿，B 段乐曲蹲下起立，间奏部分摇摆身体。

（3）请所有的“动物”听乐曲，跟随乐曲节奏打节拍。

4. 乐器演奏

师：小动物们看看，这里还给大家准备了什么？

（1）老师组织“动物”们以椭圆的形状围站好，“动物”之间以手臂的距离间隔开。

（2）出示大堂鼓，并分发大堂鼓。

（3）播放乐曲，请“动物”们边听乐曲边拍鼓：A 段乐曲向前走并用力拍大堂鼓，B 段乐曲向后退并轻轻拍大堂鼓，间奏部分摇摆身体，A、B 段乐曲的动作重复 2～3 次，直到乐曲结束。

大象。

（2）播放视频，引导幼儿观察大象的动作特征：长鼻子甩甩甩，大耳朵扇扇扇。

（3）请幼儿听指令做出大象甩甩鼻子、扇扇耳朵的动作。

（4）播放歌曲《大象》，老师引导幼儿根据音乐做出大象甩甩鼻子、扇扇耳朵的动作。

2. 大象之舞

师：小朋友们学得真像，接下来我们用一根长长的绳子当作大象的鼻子甩甩甩。

（1）老师将绳子对折，双手握住绳子的一端，放在鼻子前左右甩动。

（2）老师给幼儿分发绳子，请幼儿体验“甩鼻子”的乐趣。

（3）老师与一名幼儿把绳子交叉，再双手各拿绳子的一端，形成串联的绳子，随着歌曲《大象》跺脚，一前一后拉动绳子。

（4）请幼儿两人为一组，根据以上示范完成串绳子和双人舞表演。

3. 跳圆圈舞

师：我们大家一起来跳舞吧！看看怎么做呢？

（1）幼儿分成 4 组，老师将每组的四条绳子交叉摆成“米”字形，并请幼儿围圈站在绳子旁边。

（2）请所有幼儿各拿着绳子的一端，听指令向后拉动绳子或向前放松绳子。

（3）播放歌曲《大象》，请幼儿跟随歌曲节奏一前一后拉动绳子。

导幼儿初步认识大象的外貌特征。

（2）出示大象模型，请幼儿观察、触摸认识大象。

（3）播放课件，请幼儿找一找、认一认大象的图片。

2. 学大象走

师：变变变，老师的魔法棒把所有小朋友都变成了大象。

（1）老师出示魔法棒，表演把幼儿变成“大象”。

（2）老师戴上大象的头饰，并请助教老师分发大象头饰给幼儿戴上。

（3）播放歌曲《大象浇花》，A 段音乐用手左右摇摆模仿大象甩鼻子，B 段音乐用脚模仿大象走路。

（4）请幼儿跟随老师模仿大象的动作。

3. 跳圆圈舞

师：大象很喜欢跳舞哦，我们跟着大象围个圈圈跳舞吧！

（1）播放音乐，老师站在教室地线上听歌曲做出相应动作，当听到“森林里面我最大，长长鼻子全靠它，我有一对大耳朵、细细的尾巴，哦啦啦啦啦，哦啦啦啦啦，哦啦啦啦啦，啦啦啦啦啦”部分时，模仿大象走路，听到间奏部分时，左右摇动身体。

（2）请幼儿站好，在老师的带领下跳圆圈舞。

活动延伸

鼓励幼儿跟随乐曲节奏创编动物形象的图形谱，增强幼儿对乐曲节奏的感知。

活动延伸

引导幼儿聆听有关动物的歌曲，和同伴合作表演歌曲中提到的动物特征。

活动延伸

引导幼儿聆听有关动物的歌曲，跟随音乐节奏模仿动物的动作。

月主题一	动物世界	周主题四	海底总动员	活动领域	健康

高组	美味的虾饺	侧重领域	※ 生活自理 ※ 认知

有益经验

1. 能认识海洋动物虾，根据谜语了解虾从生到熟的变化。
2. 能用春卷皮包裹馅料并收口。
3. 能使用筷子夹取食物。
4. 能自己动手制作虾饺，体验制作美食的乐趣。

活动准备

◎课件：虾滑、虾片、虾饺、虾丸的图片
◎视频一：煮虾的录像
◎视频二：介绍虾饺的制作过程
◎仿真虾 1 只
◎虾仁玉米饺子馅若干
◎饺子皮适量
◎筷子每人 1 双，碗每人 1 个，蒸锅 1 个

活动过程

1. 猜猜它是谁

师：长须老公公，常年住水中，洗个热水澡，全身红彤彤。猜一猜这是什么海洋动物呢？

（1）请幼儿讨论并说出谜底。

中组	海洋动物饼干	侧重领域	※ 生活自理 ※ 语言表达

有益经验

1. 认识海洋动物海星、鱼、海龟。
2. 能双手配合揉搓面团、切面团、擀面皮。
3. 能够用手将面团搓成球并用模具压出动物的造型。
4. 通过制作海洋动物饼干，激发对海洋动物的喜爱之情。

活动准备

◎视频：海底世界的录像、饼干的制作流程
◎海洋动物饼干若干
◎用面粉、黄油、鸡蛋、糖粉等和好的面团 1 盆
◎擀面杖每人 1 根，切面刀每人 1 把
◎海星、鱼、海龟饼干模具每人各 1 个
◎烤箱 1 个

活动过程

1. 海底世界

师：哪个小朋友去过海底世界，那里都住着哪些动物呢？

（1）播放海底世界的视频，引导幼儿观看视

低组	螃蟹的游乐园	侧重领域	※ 生活自理 ※ 认知

有益经验

1. 认识海洋动物的生活环境：海洋沙滩。
2. 能用擀面杖压碎饼干。
3. 能用勺子将酸奶舀到杯子里。
4. 在动手的过程中学会观察，培养美食制作的兴趣。

活动准备

◎课件：螃蟹、海洋、沙滩彩色图片
◎图片：海边图片 1 张
◎饼干、擀面杖、保鲜袋每人 1 份
◎酸奶、蝶豆花冻（蝶豆花、白糖、白凉粉）、椰蓉适量
◎勺子、杯子每人各 1 个
◎海洋酸奶冻成品 1 份

活动过程

1. 认识游乐园

师：老师要带着大家看看螃蟹的游乐园，小朋友们期待吗？

（1）播放课件，老师向幼儿讲解螃蟹居住和

（2）出示仿真虾，告知幼儿正确答案。
（3）播放视频一，请幼儿仔细观察煮虾过程中虾的身体变化，老师引导幼儿描述虾的变化。

2. 虾的美食

师：煮熟的虾可食用，小朋友们都吃过哪些用虾做成的美食呢？
（1）请幼儿根据生活经验说出自己吃过的用虾做成的美食。
（2）播放课件，引导幼儿认识用虾做成的美食：虾滑、虾片、虾饺、虾丸。

3. 制作虾饺

师：看了那么多美食图片，小朋友们肚子饿了吧？接下来我们一起来做虾饺咯！
（1）播放视频二，引导幼儿学习虾饺的制作过程。
（2）老师出示所需材料，同时做简单介绍，并将材料分发给幼儿。
（3）老师出示材料，并示范制作虾饺的步骤，先将春卷皮放在左手掌心上，拿刷子蘸取少量水均匀刷在春卷皮上，接着拿勺子舀饺子馅放到春卷皮上，最后双手配合将饺子馅包起来。
（4）给幼儿分发制作虾饺的材料，引导幼儿按照示范制作虾饺。
（5）老师收集幼儿制作完成的虾饺放进蒸锅并蒸熟。

4. 品尝分享

师：哇！香喷喷的虾饺出锅啦，谁想尝一尝？
（1）老师把虾饺舀到大碗里，请幼儿观察虾饺煮熟后的颜色变化。

频并认识海洋动物。
（2）老师出示海洋动物饼干，引导幼儿说出海洋动物的名称：海星、鱼、海龟，并观察其相应的形状特征。
（3）请幼儿品尝饼干，引导幼儿简单描述饼干的味道：香的、脆的、甜的。

2. 准备面团

师：饼干真香啊，它是怎么做出来的呢？小朋友们还想吃到不一样形状的海洋动物饼干吗？让我们一起动手制作吧！
（1）老师将和好的面团分发给幼儿。
（2）老师将擀面杖发给幼儿，引导幼儿用擀面杖将面团摊成薄片。

3. 制作饼干

师：面皮终于擀好了，接下来请大家选择自己喜欢的海洋动物模具来制作饼干吧！
（1）老师选择自己喜欢的模具，双手配合在面皮上按压出形状，取出有形状的面饼放在烤盘上。
（2）老师引导幼儿选择自己喜欢的模具进行制作。
（3）收集幼儿制作好的海洋动物饼干放进烤箱烘烤。

4. 品尝饼干

师：大功告成！美味的海洋动物饼干出炉啦！
（1）请幼儿品尝自己制作的海洋动物饼干。
（2）老师引导幼儿将饼干分享给好朋友。

游玩的地方。
（2）老师引导幼儿指一指、说一说螃蟹和沙滩、海洋的关系。

2. 螃蟹的游乐园

师：蝶豆花冻和饼干就像海洋和沙滩，你们来看看。
（1）出示一杯海洋酸奶冻并向幼儿介绍甜品的名称。
（2）向幼儿介绍海洋酸奶冻的组成部分，引导幼儿把蝶豆花冻和饼干想象成海洋和沙滩。
（3）老师示范制作海洋酸奶冻的步骤：把饼干装在袋子里，用擀面杖将饼干压碎，请个别幼儿上前体验。
（4）将饼干、袋子和擀面杖分发给幼儿，引导幼儿根据步骤制作“沙滩”。

3. 布置游乐园

师：我们准备好了“沙滩”，接下来可以布置一个有趣的游乐园啦。
（1）老师示范制作步骤：先用勺子将酸奶舀入杯子，再把蝶豆花冻放在酸奶上面作为“海洋”，最后用勺子在“海洋”表面撒椰蓉和饼干碎作为“海浪”和“沙滩”点缀。
（2）引导幼儿按照示范步骤制作完整的海洋酸奶冻，老师给予必要的辅助，帮助幼儿完成。

4. 品尝成果

师：游乐园做好啦！螃蟹送来了一份海洋特有的甜点给大家品尝。
（1）老师引导幼儿将海洋酸奶冻与海边图片进行对比观察。

（2）将碗和筷子分发给幼儿，请幼儿用筷子夹取虾饺并品尝。

活动延伸

家长引导和鼓励幼儿积极参与制作美食的活动，增进家长与幼儿的感情，同时提高孩子的动手能力。

活动延伸

在手工、生活自理课中，通过观看美食制作流程培养幼儿的观察能力，激发幼儿动手制作美食的兴趣。

（2）老师请幼儿用勺子品尝海洋酸奶冻。

活动延伸

在炎热的夏天，让幼儿参与制作丰富的健康甜品，增加孩子参与活动的主动性，提高幼儿的想象力。

附材料

海洋酸奶冻示例

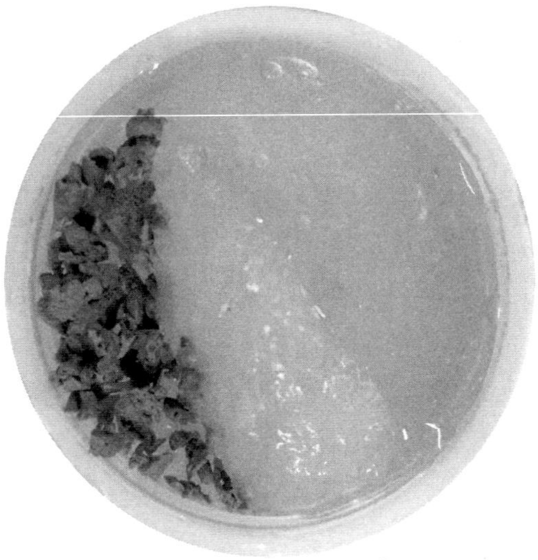

月主题一	动物世界	周主题四	海底总动员	活动领域	语言

高组	小白鱼过生日	侧重领域	※ 语言表达 ※ 认知

有益经验

1. 认识多种海洋动物并能说出名称：章鱼、海胆、海星、虾、海蛇、海豚。
2. 认识描述海洋动物特点的形容词和它们的反义词。
3. 能挑选喜欢的角色进行扮演。
4. 积极探索海洋世界，体验角色扮演的游戏乐趣。

活动准备

◎歌曲：《生日快乐歌》
◎绘本：《小白鱼过生日》
◎头饰（小白鱼，大的、小的海胆，胖的、瘦的章鱼，长的、短的海蛇，弯的、直的小虾，脏的、干净的海星，开心的、伤心的海豚）各1个
◎蛋糕1个，碟子、叉子若干

活动过程

1. 今天是谁的生日

师：祝你生日快乐，祝你生日快乐，听一听发

中组	大海里我最大	侧重领域	※ 认知 ※ 语言理解

有益经验

1. 通过绘本故事认识海洋动物。
2. 能观察海洋动物的体型并比较大小。
3. 能演绎绘本故事，找出海里最大的动物。
4. 激发幼儿探索海底世界的兴趣，培养自主探究的意识。

活动准备

◎课件：大王乌贼、虾米、螃蟹、水母、鲨鱼、鲸鱼的图片
◎视频：海底世界的录像
◎绘本：《大海里我最大》
◎大王乌贼、虾米、螃蟹、水母、鲨鱼、鲸鱼头饰各2个
◎手机支架1个，手机1部

活动过程

1. 海里的动物

师：今天老师要跟大家分享一本非常有意思的绘

低组	小鱼找妈妈	侧重领域	※ 认知 ※ 语言理解

有益经验

1. 能认识海洋动物：小白鱼、螃蟹、海星、海蜗牛、海龟、鲸鱼、章鱼。
2. 能说出名称：鱼妈妈、螃蟹、海星、海龟等。
3. 能根据外形提示，将小白鱼图片与鱼妈妈图片进行配对。
4. 激发幼儿探索和了解海洋动物的兴趣。

活动准备

◎课件：小白鱼、螃蟹、海星、海蜗牛、海龟、鲸鱼、章鱼、鱼妈妈的彩色图片
◎歌曲：《三条鱼》
◎音频：小孩哭声
◎图片：小白鱼的彩色图片1张
◎绘本：《小白鱼找妈妈》
◎螃蟹、海星、海蜗牛、海龟、鲸鱼、章鱼、鱼妈妈头饰各1个，小白鱼头饰5个

活动过程

1. 谁哭了

师：小朋友们，听听是谁哭了，他为什么哭呀？

生了什么。
（1）播放歌曲《生日快乐歌》，请幼儿聆听。
（2）老师请幼儿根据歌曲推测所发生的事件：过生日。
（3）提出疑问，引导幼儿讨论“今天是谁的生日”。

2. 小白鱼过生日

师：你们猜的都不对，今天是一条叫“小白鱼”的小海鱼两岁的生日。一起来看看它都邀请哪些好朋友来聚会吧。
（1）老师讲述绘本故事，带领幼儿认识绘本中出现的海洋动物：海胆、章鱼、海蛇、虾、海星、海豚。
（2）引导幼儿根据绘本画面用形容词描述这些海洋动物的特点：大、小、胖、瘦、长、短、直、弯、干净、脏、开心、伤心。

3. 我的生日祝福

师：小白鱼的朋友真多呀！我也想成为小白鱼的好朋友去参加生日聚会。
（1）老师佩戴小白鱼的头饰，助教老师佩戴大的海胆的头饰进行角色扮演。
（2）助教老师根据自己的角色用“我是 ×× 的 ××”句式进行自我介绍，并为小白鱼送上生日祝福：我是大大的海胆，我祝小白鱼生日快乐。
（3）邀请幼儿上前挑选自己喜欢的角色头饰并佩戴，确认自己的角色名称和特点。
（4）老师引导幼儿模仿助教老师示范的句式进行自我介绍，并为小白鱼送上生日祝福。

本故事开始之前让老师带大家一起穿越到有意思的海底世界吧。
（1）播放视频，引导幼儿观看，初步了解海洋环境，进入故事情境。
（2）老师出示绘本《大海里我最大》，并向幼儿讲述绘本故事。
（3）根据绘本情节内容，老师引导幼儿认识视频中的海洋动物：大王乌贼、虾米、螃蟹、水母、鲨鱼、鲸鱼。

2. 海洋动物的大小

师：大王乌贼与路上遇到的动物们比体型，请你们来做小裁判看看大王乌贼说的对不对。
（1）播放课件，请幼儿根据海洋动物的体型进行大小的比较。
（2）老师引导幼儿得出结论，并判断大王乌贼说的是否正确。
（3）比较所有海洋动物的体型，老师引导幼儿从中挑选出体型最大的动物：鲸鱼。

3. 角色分配

师：接下来请小朋友们也尝试互相比较体型，让我们通过体型来分配角色。
（1）老师请幼儿起立，成横排站列，引导幼儿通过比较体型调整站位。
（2）根据幼儿体型，教师将动物角色头饰分配给对应的幼儿，帮助幼儿佩戴。

4. 绘本演绎

师：大家都有适合自己的角色了，请欣赏绘本故事表演《大海里我最大》。
（1）固定手机进行录像，老师讲述绘本故事，

（1）播放音频，引导幼儿注意聆听，并思考。
（2）老师引导幼儿根据音频推测孩子哭的原因：找不到妈妈。

2. 小白鱼找妈妈

师：呜呜呜，今天有一条小鱼也哭了，我们一起来看看发生了什么事吧！
（1）出示绘本《小白鱼找妈妈》，老师引导幼儿初步认识海洋动物：小白鱼。
（2）老师讲述绘本故事，引导幼儿认识绘本中的海洋动物：小白鱼、螃蟹、海星、海蜗牛、海龟、鲸鱼、章鱼、鱼妈妈。

3. 谁是小白鱼的妈妈

师：刚才我们在绘本里看到了许多海洋动物，小朋友们还记得谁是小白鱼的妈妈吗？
（1）播放课件，老师引导幼儿指认小白鱼、螃蟹、海星、海蜗牛、海龟、鲸鱼、章鱼、鱼妈妈，并说出海洋动物的名称。
（2）老师播放课件，分组展示螃蟹、海星、海蜗牛、海龟、鲸鱼、章鱼、鱼妈妈的彩色图片，引导幼儿拿小白鱼的彩色图片与课件中鱼妈妈的图片进行配对。

4. 小白鱼找妈妈

师：小白鱼找到了鱼妈妈，接下来我们一起来变成海洋里的动物们，看看小白鱼还能不能找到鱼妈妈吧。
（1）老师请一名幼儿上前示范游戏：播放歌曲《三条鱼》，老师佩戴鱼妈妈头饰，扮演鱼妈妈，请一名幼儿佩戴小白鱼头饰，扮演小白鱼，跟随音乐沿着地线走动，当音乐停止时，

4. 参加生日聚会

师：我的好朋友们都到了，欢迎大家的到来，生日会现在开始！

（1）助教老师播放歌曲《生日快乐歌》，带领幼儿跟随音乐一起唱生日歌。

（2）老师切蛋糕，分享给全体小朋友。

活动延伸

引导幼儿在生活情境中能够恰当地使用形容词进行描述，在生日聚会中主动说出祝福语。

助教老师引导角色根据情节进行演绎。

（2）老师表扬幼儿认真参与表演的行为，并将录制的视频播放给幼儿观看。

活动延伸

幼儿在大人的带领下参观水族馆或海洋馆，认识更多的海洋动物，尝试比较海洋动物体型的大小。

“小白鱼”抱住“鱼妈妈”。

（2）请多名幼儿戴上小白鱼头饰，其余幼儿戴螃蟹、海星、海蜗牛、海龟、鲸鱼、章鱼头饰，然后根据示范玩游戏。

（3）游戏可进行 2—3 轮，每轮游戏前交换角色。

活动延伸

培养幼儿对海洋动物的兴趣，并在生活中通过亲子游戏建立与父母的亲密关系。

月主题一 | **动物世界**　　周主题四 | **海底总动员**　　活动领域 | **社会**

高组	海钓达人	侧重领域	※ 社交技能 ※ 语言表达

有益经验

1. 能认识海洋动物，并说出动物名称。
2. 能双手交替拉绳子。
3. 能扮演海洋动物，与同伴进行合作游戏。
4. 通过与同伴间的配合增进友谊，感受协作的乐趣。

活动准备

◎歌曲:《快乐去钓鱼》
◎含有海豚、海龟、鲨鱼、海马、鲸鱼、螃蟹的磁性钓鱼玩具
◎海豚、鲨鱼、鲸鱼、海龟、海马、螃蟹头饰若干
◎系好绳子的万象彩圈每组 1 个

活动过程

1. 钓鱼真好玩

师：我把海洋世界里的小动物们带到了教室里。快看，老师在做什么呀？
（1）老师将磁性钓鱼玩具摆放到桌面，用鱼竿钓鱼，请幼儿仔细观察。
（2）引导幼儿思考并回答问题，根据老师的

中组	海狮运球	侧重领域	※ 社交技能 ※ 语言表达

有益经验

1. 能认识海狮及其运动方式。
2. 能模仿海狮运送小球。
3. 能遵守规则进行竞赛游戏，并判断输赢。
4. 体验竞赛游戏的乐趣，培养竞争意识。

活动准备

◎视频：海狮表演的录像
◎一次性纸杯每人 1 个
◎海洋球若干
◎塑料小桶 2 个

活动过程

1. 海狮才艺

师：海洋馆的动物表演开场了，今天是谁要把自己的本领展示给小朋友们呢？我们一起去看一看。
（1）播放视频，引导幼儿仔细观看。
（2）老师引导幼儿认识视频中的海洋动物并

低组	小鱼儿吐泡泡	侧重领域	※ 社交技能 ※ 语言理解

有益经验

1. 能认识并模仿鱼吐泡泡的动作。
2. 能使用泡泡水吹出泡泡。
3. 与同伴配合手拉手完成“吹泡泡”的游戏。
4. 通过合作，感受集体游戏的乐趣。

活动准备

◎视频：小鱼吐泡泡的录像
◎歌曲:《吹泡泡》
◎泡泡水每人 1 瓶

活动过程

1. 吐泡泡的小鱼

师：小朋友们，老师今天要带你们去海底世界瞧一瞧。
（1）播放视频，引导幼儿仔细观看小鱼吐泡泡。
（2）老师模仿小鱼吐泡泡的动作，噘嘴吐气，引导幼儿模仿。

活动说出答案：在钓鱼。

2. 认识海洋动物

师：谁想尝试一下好玩的钓鱼游戏呀？也让我们来认识一下上钩的都是哪些海洋动物吧。

（1）老师请幼儿举手，点名邀请幼儿上前尝试使用磁性钓鱼玩具。

（2）逐一展示钓上来的海洋动物，请幼儿仔细观察。

（3）老师引导幼儿认识海洋动物并说出名称：海豚、海龟、鲨鱼、海马、鲸鱼、螃蟹。

3. 真人版钓大鱼

师：钓鱼真有趣，还让我们认识了这么多的海洋动物，接下来老师要带你们玩真人版钓大鱼的游戏！

（1）播放音乐，老师一边和助教老师进行游戏示范，一边讲解游戏规则：将系好绳子的万象彩圈放置在教室后侧，老师握着绳子坐在教室前侧扮演钓鱼者，助教老师佩戴头饰扮演海洋动物，音乐暂停后老师双手交替拉回绳子，助教老师走到彩圈内跟随彩圈移动向前挪走。

（2）出示头饰，老师邀请3名幼儿佩戴并扮演海洋动物在教室自由“游”走。

（3）老师再邀请3名幼儿扮演钓鱼者，根据老师的示范进行游戏，引导其他幼儿观看学习。

4. 海钓小达人

师：真人版的钓大鱼要开始咯，让我来看看谁是海钓小达人。

（1）将幼儿分成两组，分别扮演海洋动物和说出名称。

（3）继续播放视频，引导幼儿观察海狮表演运球的方式及动作。

（4）老师点名邀请幼儿上前模仿海狮的运球动作。

2. 海狮运球

师：海狮厉害吧！它虽然没有手，但也可以用自己的方式运球。我们也来试试看！

（1）老师示范海狮运球的姿势，四点跪位在地上，将装有海洋球的纸杯叼在嘴里，头微微上仰，稳定地向前爬。

（2）将纸杯逐一发给幼儿，老师示范咬住纸杯的技巧，引导幼儿进行尝试。

（3）邀请全体幼儿扮演海狮，在垫子上使用老师示范的方式运送海洋球。

3. 运球比赛

师：小朋友们也学会了海狮的才艺，那接下来我们就用新学的运球技能参加一项有趣的运球比赛吧！

（1）老师一边示范，一边讲解比赛规则：将装有海洋球的纸杯叼在嘴里，从起点出发，沿着垫子向前爬，到终点后低头将杯子里的海洋球倒进塑料小桶后爬回起点，下一名幼儿接力出发，海洋球全部运送完用时最短的队伍获胜。

（2）老师将幼儿分成两组，引导两组幼儿站队排列好等待比赛开始。

（3）游戏开始，老师计时，组织并引导幼儿遵守规则进行运球比赛。

2. 有趣的泡泡

师：快看！海底世界里的泡泡出现在了教室里！

（1）老师拿出泡泡水，吹出泡泡，请幼儿观察泡泡的大小，并尝试伸手触摸。

（2）点名邀请幼儿上前模仿小鱼吐泡泡的动作，吹出泡泡。

3. 吐泡泡游戏

师：哇，吐泡泡真有趣！那么接下来就让我们一起变成小鱼儿来玩吐泡泡的游戏吧！

（1）老师邀请助教老师和3名幼儿示范游戏玩法：手牵手跟随音乐围圈走，当听到“小泡泡”时，圆圈向内聚拢，听到“大泡泡”时，圆圈向外散开。

（2）将幼儿分成两组，老师引导两组幼儿手牵手分别围成圆圈。

（3）播放音乐，请两组幼儿按照老师的示范进行游戏。

（4）老师邀请全体幼儿手牵手围成一个大圆圈，播放音乐，根据示范进行集体游戏。

4. 吹个大泡泡

师：小鱼儿真是吹泡泡的高手呀。你们也来和小鱼儿比一比，看看谁能吹出大大的泡泡。

（1）老师将泡泡水逐一发给幼儿，让幼儿练习吹泡泡。

（2）邀请所有幼儿到教室中央一起体验吹泡泡。

钓鱼者，老师给海洋动物扮演者佩戴头饰。
（2）播放音乐，老师引导幼儿根据规则进行游戏。
（3）请幼儿根据头饰说出自己钓到的海洋动物的名称，老师奖励优秀的钓鱼达人，两组幼儿更换角色再次进行游戏。
（4）老师表扬并奖励幼儿积极参与游戏的行为，引导幼儿收拾钓鱼用具然后回到座位休息。

活动延伸

幼儿在家中可以和大人一起进行真人版钓大鱼游戏，并尝试加快收绳的速度。

4. 分享互动

师：比赛结束，让我们一起来祝贺今天的冠军队伍！
（1）宣布各组比赛所用时长，老师引导幼儿说出冠军队伍。
（2）老师宣布最终的冠军队伍，引导幼儿鼓掌，向冠军队伍表示祝贺。

活动延伸

引导幼儿在区角或户外课中探索并模仿其他动物运送物品的方式，和同伴进行竞赛。

活动延伸

幼儿在大人的陪同下到户外利用泡泡水进行互动游戏，如：追赶泡泡、戳泡泡等。

月主题一 | **动物世界**　　周主题四 | **海底总动员**　　活动领域 | **科学**

高组	深海水母	侧重领域	※ 认知 ※ 精细动作

有益经验

1. 能了解水母的基本特征。
2. 能把水倒入指套中。
3. 能用橡皮筋把装有水的指套绑紧，形成水母的形态。
4. 通过实验操作，直观了解浮力现象。
5. 激发幼儿的好奇心和探索欲望。

活动准备

◎视频：水母在水中游动的录像
◎塑料水母成品 1 个
◎一次性塑料手指套每人 1 份
◎装有蓝色颜料的矿泉水瓶每人 1 个
◎装水的水杯每人 1 个
◎橡皮筋每人 1 根

活动过程

1. 认识水母

师：小朋友们，你们见过水母吗？那么在海洋里的水母又是什么样子的呢？

（1）播放视频，请幼儿用手学一学水母游动的状态。

中组	海洋动物游游游	侧重领域	※ 认知 ※ 精细动作

有益经验

1. 认识海洋动物：八爪鱼、海龟。
2. 能用线条画出常见的海洋动物。
3. 能完成科学小实验。
4. 通过观察、讨论、实验，培养幼儿良好的科学动手能力。

活动准备

◎图片：八爪鱼、海龟彩色图片各 1 张
◎白板笔每人 1 支
◎陶瓷勺子每人 1 个
◎小水盆 4 个
◎清水适量

活动过程

1. 八爪鱼和小海龟

师：可以把一个圆形变成什么动物呢？请小朋友们想一想。

（1）老师在黑板上画两个圆形，请幼儿试着思考并说出想法。

低组	神奇的水精灵	侧重领域	※ 认知 ※ 语言理解

有益经验

1. 认识海洋动物：海星、螃蟹、海豚。
2. 能把液体倒进模具里形成海洋动物的形态。
3. 能把模具放进水里，了解遇水成型的小实验。
4. 激发幼儿的探究兴趣，提高观察力和动手操作的能力。

活动准备

◎图片：海星、螃蟹、海豚图片各 1 张
◎乳酸钙水溶液适量
◎色胶、小水盆、海洋动物模具每人 1 套
◎过塑的 A4 纸每人 1 张

活动过程

1. 海底小精灵

师：水里游着的是什么动物呀？大家快来看看！

（1）老师将成型的动物水精灵从水中捞出进行展示，请幼儿观察。

（2）点名邀请幼儿上前摸一摸、拿一拿，观察

（2）引导幼儿观察并尝试用语言描述自己看到的水母形态。

2. 手工水母

师：老师今天把一只不一样的水母带到了小朋友们的身边，让我们近距离来观察它吧！

（1）出示瓶子，老师展示并向幼儿介绍蓝色的“海水”和透明的“水母”。

（2）老师不断摇晃瓶子，使里边的“水母”在瓶内上下翻转，像一只在海里游行的水母，请幼儿观察。

（3）点名邀请感兴趣的幼儿上前摇晃瓶子，感知奇妙的现象。

3. 制作水母

师：大家看到游来游去的“水母”其实是包裹着清水的指套在漂浮，小朋友们也来动手制作小水母吧。

（1）老师逐一出示教学材料并向幼儿说明用途。

（2）老师一边讲解一边示范实验步骤：首先把指套打开，再把水杯的水倒进指套里，最后用橡皮筋把装有水的指套绑紧，底部留出约 2 厘米作为“触手”。

（3）引导幼儿按照老师的操作步骤进行制作，完成后邀请幼儿感知“水母”。

（4）请幼儿把“水母”轻轻放进瓶子中，晃动瓶子感受“水母”在水中的游动。

4. 展示实验结果

师：小朋友们的“水母”都做好啦，请大家摇一摇瓶子让它们游动起来。

（2）在圆形下面画八条波浪线，引导幼儿联想到海洋动物八爪鱼，老师出示八爪鱼图片进行提示。

（3）在另一条圆形上补充画出一个小圆、四条腿和一条尾巴，引导幼儿联想到海洋动物海龟，老师出示海龟图片进行提示。

（4）在白板上画出 3 ～ 4 个圆形，点名邀请幼儿上前模仿老师的简笔画，画出八爪鱼和小海龟。

2. 会游泳的小动物

师：圆形变变变，变成了八爪鱼和小海龟，那你们知道它们生活在哪里吗？

（1）老师引导幼儿思考八爪鱼、小海龟的生活环境，幼儿回答问题：海里。

（2）老师出示勺子和白板笔，用白板笔在勺子上分别画出八爪鱼，缓慢使水面没过勺子，使图案从勺子上脱离。

（3）老师轻轻晃动水面，使八爪鱼图案漂动，引导幼儿观察，用同样的步骤绘制小海龟。

3. 动物的好朋友们

师：动物们回到了自己的家，在水里游呀游，但是它们有一点儿难过，因为找不到好朋友了，请你们帮帮忙为它们画出更多的朋友吧。

（1）老师将幼儿分成 4 组，每组一个水盆，请幼儿围桌就座。

（2）出示材料，引导幼儿在勺子上绘出八爪鱼和小海龟。

（3）老师引导幼儿将勺子轻轻没过水面，使图案离开勺子，多次重复以上操作。

动物造型，感受水精灵的形态。

（3）出示动物图片，老师引导幼儿将水精灵和图片进行配对。

2. 奇妙的实验

师：小朋友们想不想变出更多的海洋小动物？接下来看看老师怎么做！

（1）老师拿出装有乳酸钙水溶液的小水盆和水精灵材料。

（2）老师先将色胶挤入动物模具，再把模具放入水盆中静置 5 秒，轻轻晃动模具至脱模，过程中辅以讲解，并引导幼儿观察。

3. 我是小小科学家

师：下面也请小朋友们来动手试试，变出各式各样的海洋动物吧。

（1）老师给每名幼儿发 1 套水精灵材料和 1 盆乳酸钙水溶液。

（2）引导幼儿挑选自己喜欢的颜色，然后根据老师示范的步骤将色胶挤入模具中，并放入水中脱模，老师巡回指导。

4. 我的海底小精灵

师：你们都变出了什么样的小动物呢？快来展示给同学们看看吧。

（1）老师引导幼儿将水精灵从水中捞出放在过塑的 A4 纸上。

（2）请幼儿上前展示自己制作的水精灵，引导其余幼儿欣赏并鼓掌。

（1）请幼儿上前展示实验结果。

（2）老师引导其他幼儿欣赏并给予掌声。

活动延伸

在家中，家长与幼儿探索使用不同材料做出不同形态的“水母”，观察“水母”的游动状态。

附材料

“海水”和手工水母示例

4. 海洋动物游一游

师：哇，现在它们终于能和好朋友们一起开心地玩耍啦！

（1）老师引导幼儿吹动水面，使图案游动，引导各小组幼儿观察。

（2）完成实验，老师带领幼儿一起收拾整理工具。

活动延伸

老师课后引导幼儿尝试用不同的笔进行实验，观察所画的图案能不能游起来。

活动延伸

课后幼儿与家长在家中探索水精灵的其他造型。

月主题一	动物世界	周主题四	海底总动员	活动领域	艺术

高组	奇妙的海洋世界	侧重领域	※ 语言表达 ※ 精细动作

有益经验

1. 能认识常见的海洋生物，并说出它们的外形体征。
2. 能参照海洋世界画一幅主题画。
3. 能根据海洋世界主题涂色。
4. 能在绘画的过程中发现海洋世界的美，并努力表现出来。

活动准备

◎课件：海星、带鱼、三角鱼等海洋生物的彩色图片
◎视频：包含海星、三角鱼、带鱼的录像
◎绘画作品《海洋世界》
◎全开纸 3 张
◎油画棒、彩笔若干

活动过程

1. 海洋生物

师：在浩瀚的海洋世界里有哪些可爱的海洋生物呀？我们一起来看看吧。

（1）老师播放视频，请幼儿观看，并说出名称。

中组	美丽的海底世界	侧重领域	※ 认知 ※ 精细动作

有益经验

1. 认识海洋生物，并说出名称：鱼、海星、海草。
2. 沿着线条剪出简单的图案。
3. 能使用固体胶涂抹图案，并将图案贴在主题墙上。
4. 能通过制作美丽的海底世界体验创作的成就感，感受海底世界的五彩缤纷。

活动准备

◎视频：海底世界的录像
◎图片：鱼、海星、海草等海洋生物的图片若干
◎儿童安全剪刀每人 1 把
◎固体胶每人 1 个
◎全开纸 1 张

活动过程

1. 认一认

师：有这样一群可爱的小动物，它们不是生活在陆地，那它们生活在哪里呢？让我们一起去开开眼界吧！

低组	会呼吸的鱼	侧重领域	※ 认知 ※ 精细动作

有益经验

1. 能认识海洋生物小丑鱼。
2. 能用蜡笔在指定区域涂色。
3. 能双手配合把气球塞进“鱼肚”。
4. 培养幼儿对海底世界的兴趣以及热爱大自然的情感。

活动准备

◎视频：含有小丑鱼的录像
◎歌曲：《小丑鱼》
◎手工成品小丑鱼 1 份
◎鱼的简笔画每人 2 张
◎透明胶、蜡笔、儿童安全剪刀每人 1 份
◎气球每人 1 个

活动过程

1. 认识小鱼

师：欢迎小朋友们来到神奇的海底世界，我们来欣赏一下海底世界里的小丑鱼在做什么吧。

（1）播放视频，请幼儿观察小丑鱼。

（2）播放课件，引导幼儿观察图片，了解海洋生物的不同外部特征，如：海星是五角星的，三角鱼是三角形的，带鱼是长条形的。

2. 认识作品

师：海洋生物真可爱，老师把这些神奇的生物画在画卷上了，你们想看吗？

（1）出示《海洋世界》主题画，请幼儿观看。

（2）请幼儿讨论画里都有什么生物，又是用什么绘画出来的。

3. 画主题画

师：老师手里还有许多神奇的画笔哦，小朋友们能把自己喜欢的海洋生物画出来吗？

（1）老师将画笔分发给每一名幼儿，引导幼儿在纸的不同区域自由创作。

（2）引导幼儿和自己的好朋友组成小组，并在纸上自由绘画简单的海洋生物。

（3）引导幼儿根据海洋主题进行涂色。

4. 作品展示

师：小朋友们一定画出了奇妙的海洋世界吧，老师特别想看看呢。

（1）邀请幼儿上前展示作品，并讲述自己所在小组的作品。

（2）引导幼儿把绘画作品粘贴到教室宣传栏上进行展示。

（1）播放视频，引导幼儿观看视频，观察不同海洋生物的形态及基本特征。

（2）请幼儿认一认，说一说视频中海洋生物的名称。

2. 剪一剪

师：海底里的生物真可爱，老师这里有一把神奇的剪刀，能剪出它们的形状，请你们来帮帮老师吧。

（1）老师挑选一张海洋生物图片，并沿着线条剪出简单的海洋生物图形。

（2）请幼儿挑选自己喜欢的海洋生物，并沿线剪出海洋生物的图案。

3. 贴一贴

师：可爱的海洋生物在海洋里开心地游来游去，我们把剪出来的海洋生物粘贴到美丽的海底世界吧！

（1）老师出示全开纸，平整铺在桌面上。

（2）拿出固体胶，均匀涂抹在图案背后并粘贴在全开纸上。

（3）请所有幼儿合作把剪出来的海洋生物都粘在全开纸上，做成主题墙作品。

4. 看一看

师：哇！各种各样的海洋生物构成了一幅美丽的图画，一起来欣赏一下吧！

（1）教师引导幼儿围着主题墙坐好。

（2）幼儿共同欣赏作品，教师引导幼儿从色彩和创意等方面大胆进行评价。

（2）老师引导幼儿认识小丑鱼的外形特征：体型小，色彩艳丽，身上有白色条纹。

2. 好玩的鱼

师：我是可爱的小丑鱼，橘色身体白条纹，游啊游，游啊游。我是可爱的小丑鱼，最喜欢住在海葵里，游啊游，游啊游。

（1）老师边念唱儿歌，边轻轻捏手工作品小丑鱼的嘴巴，使鱼“吐出泡泡”，引起幼儿的好奇心。

（2）将手工成品传递给幼儿，引导幼儿通过触摸或挤捏等方式试玩。

3. 制作手工

师：哇，小丑鱼唱歌时会吐出快乐的泡泡，啵啵啵啵……你们想不想要呀？

（1）老师拿出材料并向幼儿介绍。

（2）拿出鱼的简笔画，并用蜡笔在“鱼”的身上涂颜色。

（3）将透明胶贴在“鱼”的身上，再按鱼的形状剪下来。

（4）把气球固定在“鱼”的中间位置，用透明胶把两条“鱼”贴在一起，留出嘴巴的位置，做成成品，以作示范。

（5）分发材料，请幼儿根据示范制作小丑鱼，老师巡回指导并给予必要的帮助。

4. 海底聚会

师：哇，海底动物在聚会啦，让我们一起带上小丑鱼去参加吧！

（1）老师播放歌曲《小丑鱼》，并根据歌词内容操纵小丑鱼游来游去。

（2）请幼儿根据示范进行游戏。

活动延伸

让幼儿回家后与家人共同讨论海洋动物的外形特征，并制作相应的手工作品，进行家园共育。

活动延伸

鼓励幼儿安全使用剪刀、固体胶等材料制作其他手工，提高幼儿使用工具的能力，大胆表达对作品的认识和感受，体验创作剪贴的乐趣。

活动延伸

在美工区投放美工材料和海底动物图片，引导幼儿大胆尝试，体验新方法作画。

附材料

小丑鱼手工示例

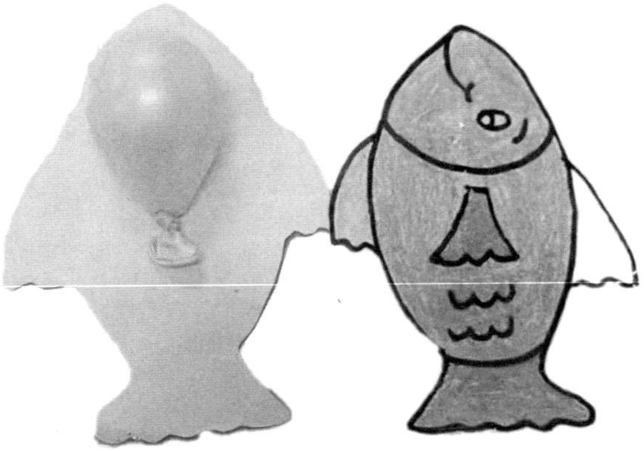

月主题二

冬天的童话

主题网络推导

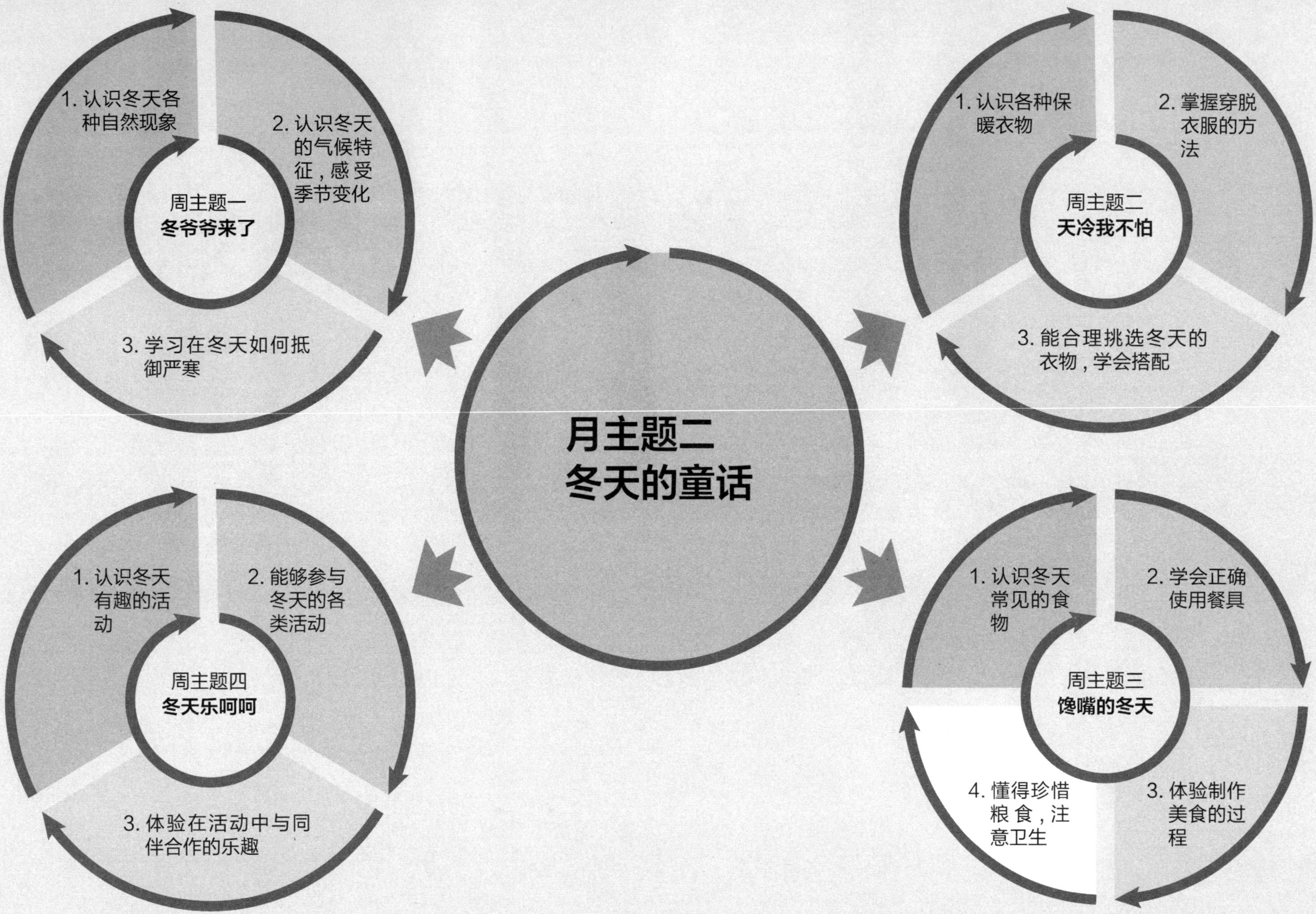
月主题二
冬天的童话
周主题一
冬爷爷来了
1. 认识冬天各种自然现象
2. 认识冬天的气候特征，感受季节变化
3. 学习在冬天如何抵御严寒
周主题二
天冷我不怕
1. 认识各种保暖衣物
2. 掌握穿脱衣服的方法
3. 能合理挑选冬天的衣物，学会搭配
周主题三
馋嘴的冬天
1. 认识冬天常见的食物
2. 学会正确使用餐具
3. 体验制作美食的过程
4. 懂得珍惜粮食，注意卫生
周主题四
冬天乐呵呵
1. 认识冬天有趣的活动
2. 能够参与冬天的各类活动
3. 体验在活动中与同伴合作的乐趣

月主题二	冬天的童话	周主题一	冬爷爷来了	活动领域	健康

高组	口罩小卫士	侧重领域	※ 生活自理 ※ 认知

有益经验

1. 了解感冒的症状及危害。
2. 认识佩戴口罩的过程和步骤。
3. 学会正确佩戴口罩的方法。
4. 养成外出佩戴口罩的好习惯。

活动准备

◎课件：戴口罩步骤图
◎视频：讲解感冒有哪些常见症状
◎纸巾 1 包、水 1 瓶、口罩每人 2 个
◎布娃娃每人 1 个

活动过程

1. 感冒是什么

师：阿嚏，老师怎么了？

（1）请幼儿回答老师的问题。

（2）播放视频，引导幼儿认识感冒的常见症状：打喷嚏、咳嗽、发烧、流鼻涕、喉咙痛。

中组	暖身姜汤	侧重领域	※ 生活自理 ※ 语言表达

有益经验

1. 初步了解冬天气候，感受气温变化。
2. 掌握 2—3 种防寒保暖的方法。
3. 掌握切姜片、倒姜汤的方法。
4. 感受制作饮品的乐趣，体会姜糖水带来的温暖。

活动准备

◎课件：穿棉衣、做运动、喝姜糖水的图片
◎歌曲：《宝宝不怕冷》
◎皱纹纸条若干
◎西餐刀每人 1 把、杯子每人 1 个、水壶 1 把、锅 1 个
◎嫩姜条、红糖、红枣若干，矿泉水 1 桶

活动过程

1. 冬风呼呼吹

师：冬天的风是怎样的呢？我们一起来感受一下吧。

（1）请幼儿走到窗边，把窗户打开，感受冬天寒风的温度。

低组	温暖的被窝	侧重领域	※ 生活自理 ※ 认知

有益经验

1. 能认识生活用品：被子。
2. 能将叠整齐的被子完全铺开。
3. 能学会盖被子。

活动准备

◎课件：被子、枕头的图片
◎布娃娃每人 1 个
◎小棉被每人 1 条
◎垫子每人 1 张
◎布娃娃的被子每人 1 条

活动过程

1. 认识被子

师：嘘，这里有一只小熊在睡觉，小朋友们，你们知道小熊身上盖的是什么吗？

（1）老师请幼儿摸一摸被子，说出答案：被子。

（2）播放课件，请幼儿在 2 张图片中指出被子。

（3）老师请幼儿表达感冒的常见症状：打喷嚏、咳嗽、发烧、流鼻涕、喉咙痛，并表演相应的动作。

2. 感冒可能会传染

师：感冒真是太难受啦！那么感冒病毒是怎样传播的呢？

（1）老师演示飞沫传播实验。方式一：把纸巾铺在桌子上，喝一口水，戴上口罩对着纸巾打喷嚏。方式二：把纸巾铺在桌子上，喝一口水，不戴口罩对着纸巾打喷嚏。

（2）老师展示两张纸巾，引导幼儿观察对比纸巾被喷湿的程度，使幼儿理解打喷嚏时会使唾沫飞溅，口罩可以阻挡唾沫飞溅。

（3）老师对实验进行简单讲解并引导幼儿了解病毒的传播方式：飞沫传播。

3. 学习戴口罩

师：小朋友们，口罩本领这么大，能够抵挡病毒的入侵，那么，你们知道要怎么戴口罩吗？

（1）老师念唱戴口罩童谣并示范动作：拉开小口罩，双手推往脸靠，双手上下拉口罩，金属边边按压好，口罩和脸全贴合。

（2）播放课件，请幼儿仔细观看戴口罩步骤图。

（3）老师根据戴口罩步骤图示范戴口罩的方法，引导幼儿同步跟随独立佩戴口罩。

4. 娃娃戴口罩

师：我们都已经戴好口罩了！快来帮助布娃娃佩戴口罩。远离病毒，预防感冒！

（1）逐一邀请幼儿挑选自己喜欢的布娃娃。

（2）老师示范帮助布娃娃佩戴口罩的步骤，

（2）老师给幼儿发皱纹纸条，引导幼儿将皱纹纸靠近窗边并观察皱纹纸被风吹动的现象。

2. 抵御寒冷的方法

师：冬天真的好冷啊！我们可以怎么保暖呢？

（1）播放课件，老师讲解抵御寒冷的方法：穿棉衣、做运动、喝姜糖水。

（2）老师引导幼儿表达课件内容，并做出相应的动作：穿棉衣、做运动、喝姜糖水。

3. 制作姜糖水

师：姜糖水真的可以抵御寒冷哦。今天我们一起来制作姜糖水吧。

（1）老师出示去皮姜块，示范用刀切姜片的方法，请幼儿仔细观察学习。

（2）将材料发给幼儿，引导幼儿使用西餐刀将嫩姜条切成块状，反复练习让幼儿掌握切的动作技能。

（3）老师收集幼儿切好的姜块，将矿泉水、姜片、红糖、红枣一起加入锅中煮沸，引导幼儿了解煮姜糖水的过程。

4. 品尝姜糖水

师：暖暖的姜糖水煮好啦！我们来品尝一下吧！

（1）将姜糖水倒进水壶中，老师示范把姜糖水倒进杯子的技巧：先把杯子放在桌上，再用右手抓住水壶手柄，左手食指和中指抵在壶嘴下方，将水壶抬起对准杯子慢慢倒入姜糖水至半杯量的位置。注意安全，避免烫伤。

（2）老师请幼儿拿取自己的杯子并排队等待。

（3）老师引导幼儿按照上述示范依次完成倒

2. 学习铺被子

师：小熊盖着被子睡觉，暖暖的，可是很多娃娃都不知道怎么铺被子，我们来帮它们铺吧。

（1）老师根据幼儿的数量摆放桌子，在桌子上各放1个娃娃和1床叠整齐的小被子。

（2）老师把叠整齐的被子展开，平整铺开在桌子上，引导幼儿观察学习。

（3）引导幼儿根据示范步骤学习铺被子。

3. 帮娃娃盖被子

师：能干的小朋友们帮娃娃铺好被子啦，现在我们帮它们盖上吧。

（1）老师示范帮娃娃盖被子：先把被子的一角掀开；再轻轻地把娃娃的脚放进去，直到碰到被子底部，然后让娃娃睡下；最后再把掀起的被子盖好。

（2）引导幼儿根据示范步骤帮娃娃盖上被子。

4. 一起睡觉

师：天黑了，娃娃们都睡着了，我们也要铺被子睡觉了！

（1）老师在教室铺好垫子（每人1张），在每张垫子上放1床叠整齐的小棉被。

（2）请幼儿铺开被子，老师给予必要的帮助。

（3）老师示范给自己盖被子，先开一扇“小门”——把被子的一角掀开；接着轻轻地、慢慢地钻进被子里——把脚伸进去，碰到被子底部，然后睡下；然后把“小门”关紧——把掀起的被子盖好；最后快快闭上眼睛——闭眼睡觉。

（4）请幼儿根据示范按步骤盖好被子睡觉。

引导幼儿模仿并帮助布娃娃佩戴口罩。
（3）请幼儿展示佩戴好口罩的布娃娃。

活动延伸

在日常生活中，引导幼儿积极锻炼身体，在天气变化的时候及时增减衣服，外出时自觉佩戴口罩，养成良好的生活习惯和卫生习惯。

姜糖水的操作，请幼儿品尝并感受身体温度的变化。

活动延伸

在寒冷的冬天，引导幼儿体验不同的御寒方法，如喝姜糖水、穿厚衣服、运动等，提高其自理能力。

活动延伸

鼓励幼儿尝试独立铺被子、盖被子等。

月主题二	冬天的童话	周主题一	冬爷爷来了	活动领域	语言

高组	冬天的电话	侧重领域	※ 语言表达 ※ 认知

有益经验

1. 能认识冬天的季节特征。
2. 能用简单的句子描述冬季场景。
3. 能根据场景图片向同伴传递“冬天来了”的消息。
4. 感受冬天的季节氛围。

活动准备

◎课件一：春、夏、秋、冬季节场景图各 1 张
◎课件二：描绘天气变冷、下雪了、小河结冰、梅花盛开、青蛙冬眠场景图片各 1 张
◎视频：幼儿在雪地里玩耍的动画
◎图片：描绘天气变冷、下雪了、小河结冰、梅花盛开、青蛙冬眠的场景图片每人各 1 张
◎三位数字卡片每人 1 张
◎玩具手机 2 部

活动过程

1. 认识冬天
师：小朋友们，你们知道现在是什么季节吗？
（1）播放视频，引导幼儿仔细观看并认识冬天。

中组	小雪花	侧重领域	※ 语言表达 ※ 认知

有益经验

1. 能认识冬天的天气特征：刮风、下雪。
2. 使用恰当的量词描述雪花片的数量：一片雪花、一堆雪花。
3. 能比较雪花数量的多少。
4. 通过对雪的认识，感受冬天的风景变化。

活动准备

◎课件一：表现一片雪花和一堆雪花图片各 1 张
◎课件二：小熊家、小猪家门口积雪的场景图
◎视频：冬天雪景的录像
◎歌曲：《小雪花》
◎图片：刮风和下雪的天气图片
◎电风扇 1 台
◎碎纸片若干

活动过程

1. 冬天的气候
师：送走秋婆婆，冬爷爷来了，我们一起迎接他的到来！

低组	雪花飘飘	侧重领域	※ 语言表达 ※ 认知

有益经验

1. 了解冬天下雪的现象，认识雪花。
2. 能发出叠音词：呼呼、飘飘、搓搓、拍拍、跺跺。
3. 感受雪花的美，冬天的美。

活动准备

◎课件：吹风、雪花飘、搓手、拍球、跺脚的动态图片各一张
◎视频：雪花从空中飘下的场景
◎歌曲：《宝宝不怕冷》
◎雪花模型 1 个

活动过程

1. 冬天的样子
师：冬天到了，下雪啦，我们一起来欣赏美丽的雪花吧。

（2）播放课件一，老师引导幼儿从 4 张场景图片中找出代表冬天的图片。

2. 冬日美景

师：小朋友们有没有留心观察，冬天有什么特别的景色呢？现在一起去看看吧。

（1）播放课件二，老师向幼儿描述图片内容，引导幼儿聆听学习，感受冬天的特征。

（2）老师引导幼儿观察图片，用简单的句子描述冬季场景：天气变冷、下雪了、小河结冰、梅花盛开、青蛙冬眠。

3. 分享美景

师：冬天来了，看到了这么美丽的冬天，应该怎么把这个消息分享给同伴呢？

（1）老师提出疑问，引导幼儿思考并回答：去好朋友家里、打电话等。

（2）老师肯定幼儿的回答，将数字卡片作为电话号码逐一发给幼儿，引导幼儿认识自己的电话号码。

（3）展示课件的冬季场景图，老师拿起手机教具示范拨打电话，并根据图片描述场景：下雪了、小河结冰、梅花开、青蛙冬眠，冬天来了。

（4）助教老师请对应电话号码的幼儿接听电话。

（5）老师切换课件画面，引导接听者拨打电话，根据图片描述场景，继续传递“冬天来了”的消息给下一个同伴。

（1）老师出示冬天的气候图，让幼儿了解冬天的天气特征：刮风、下雪。

（2）老师打开家用风扇，引导幼儿靠近并用手感受风。

（3）邀请幼儿将碎纸片捧到电风扇前，让电风扇吹散碎纸片，模拟“下雪”的景象，请幼儿观察感受。

2. 美丽的雪花

师：冬天真实下雪的场景非常壮观，一起来看看是什么样子的吧。

（1）播放视频，引导幼儿观察感受美丽的冬天雪景。

（2）把碎纸片当作雪花。老师描述雪花的形状及颜色，同时出示一片碎纸片和一堆碎纸片，并示范用数词和量词进行描述：一片雪花、一堆雪花。

（3）播放课件一，引导幼儿用恰当的量词描述雪花数量。

3. 雪花的数量

师：小熊的家门口和小猪的家门口都堆了不少的雪花，谁家门口的雪花多呢？

（1）播放课件二，引导幼儿观察场景图片。

（2）老师引导幼儿比较雪花数量，并使用形容词：多、少。

4. 我是一片小雪花

师：让我们也变成一片片小雪花来玩个游戏吧。

（1）播放视频，请幼儿欣赏并初步了解下雪的场景。

（2）出示雪花模型，老师引导幼儿认识雪花。

（3）老师向空中扔撒少量碎纸屑，带领幼儿感受冬天下雪的氛围。

2. 我来做一做

师：冬爷爷让天气变得寒冷，我们一起活动一下让身体暖和起来吧。

（1）播放歌曲《宝宝不怕冷》，引导幼儿感知音乐。

（2）老师引导幼儿跟随歌曲做出相应的动作：“呼呼”——吹气、“飘飘”——抖手、“搓搓”——搓手、“拍拍”——拍球动作、“跺跺”——跺脚。

3. 我来说一说

师：在冬天，我们做了哪些活动呢？一起说一说吧。

（1）播放课件，逐一播放动态图片，老师根据图片说出歌词内容，引导幼儿观察图片中的场景并跟随老师说叠词。

（2）老师随机展示动态图，点名邀请幼儿跟随老师说出对应的叠词。

4. 我来唱一唱

师：北风吹，雪花飘，我们一起把歌唱。

（1）老师完整念唱《宝宝不怕冷》的歌词，引导幼儿一起念唱叠词。

（2）播放歌曲，老师邀请幼儿进行歌词接龙，

4. 冬日板报

师：小朋友们都接到了冬天来了的好消息，我们一起把这个消息告诉更多的人吧。

（1）把冬天的场景图片摆在桌面上，请幼儿挑选。

（2）老师带领幼儿把冬天的场景图片粘贴到展示墙，结束活动。

活动延伸

引导幼儿去观察冬天不一样的景色，培养幼儿的观察能力。

（1）播放歌曲，老师引导幼儿围成圆圈，伴随音乐围圈走一走。

（2）老师随机暂停音乐并发出指令“一片雪花”或“一堆雪花”，引导幼儿做出相应的动作：听到“一片雪花”时自己原地站立，听到“一堆雪花”时全体小朋友向中间靠拢。

活动延伸

引导幼儿在生活中观察冬天的风景，正确使用数量词描述物品，如一阵风、一块冰等。

一起合唱歌曲。

活动延伸

幼儿在家长的带领下练习叠词的仿说，熟悉音乐节奏，能够跟随音乐节奏进行接唱。

附材料

歌词接龙《宝宝不怕冷》

老师：北风北风

幼儿：呼呼呼

老师：雪花雪花

幼儿：飘飘飘

老师：小手小手

幼儿：搓搓搓

老师：小脚小脚

幼儿：跺跺跺

老师：小球小球

幼儿：拍拍拍

月主题二	冬天的童话	周主题一	冬爷爷来了	活动领域	社会

高组 旱地冰壶

侧重领域：※ 社交技能 ※ 粗大动作

有益经验

1. 认识冬天，了解冬季的运动项目。
2. 能把自制冰壶推到指定的区域位置。
3. 能按照游戏规则参与竞赛。
4. 能体验冬季运动的乐趣，在活动中收获成就感。

活动准备

◎视频一：包含几种冬季运动的录像
◎视频二：冰壶比赛的录像
◎自制冰壶 1 个
◎三角锥桶（小）若干
◎红色胶带 1 卷

活动过程

1. 冬季运动会

师：冬天到了，小朋友们有没有参加过冬季运动会呀？都有些什么有意思的项目呢？

（1）老师播放视频，引导幼儿认识冬天及冬季运动项目。

中组 冬日雪景

侧重领域：※ 社交技能 ※ 语言表达

有益经验

1. 观看冬天的景象，会用形容词和名词组成的短语介绍雪花的特征：大雪花、小雪花。
2. 会使用社交语言“你愿意和我做朋友吗”邀请同伴成为朋友。
3. 从不同角度感受冬天之美，并乐意用语言表达。

活动准备

◎视频：下雪的场景
◎歌曲：《小雪花》
◎大小不一的雪花剪纸若干

活动过程

1. 冬日美景

师：孩子们，冬天虽然寒冷，但是在雪姑娘的打扮下非常美丽，这样的冬天你们喜欢吗？

（1）播放视频，请幼儿欣赏银装素裹的冬天。

（2）老师向幼儿描述冬天美丽的景色。

低组 滚雪球

侧重领域：※ 社交技能 ※ 粗大动作

有益经验

1. 能了解冬天的季节特征。
2. 能双手向前推小球。
3. 能和同伴配合推接大龙球。
4. 培养参与游戏的兴趣，体验与同伴合作的快乐。

活动准备

◎视频：下雪后的场景、结冰的场景等
◎歌曲：《滚雪球》
◎纸屑若干
◎缠上双面胶的小球每组 1 个
◎白色大龙球 1 个
◎黑色圆形纸 2 片、橙色三角形纸 1 片

活动过程

1. 冬天到

师：冬爷爷来了，老师把教室布置成了冬天的模样，让我们一起进入冬的世界吧。

（1）老师提前将白色纸屑铺洒在教室地面模仿冬季积雪的场景。

（2）请幼儿说一说自己最想体验的冬季运动项目。

2. 冰壶项目

师：我听到有小朋友说想体验冰壶项目，什么是冰壶呢？是冰块做成的水壶吗？我们来了解一下吧。

（1）老师播放视频二，引导幼儿通过视频认识冰壶项目。

（2）出示自制冰壶，介绍自制冰壶的结构，请幼儿观察。

（3）点名邀请幼儿上前模仿运动员的动作推冰壶。

3. 旱地冰壶

师：冰壶比赛在冰面上，教室里没有冰面怎么办呢？老师带大家来体验旱地冰壶吧！

（1）老师出示三角锥桶作为旱地冰壶，在教室前后分别贴上地标线作为起点和终点。

（2）老师示范游戏玩法并讲解规则：蹲在起点处单手向前推锥桶，锥桶超过终点线视为得分。

（3）请幼儿分成4组轮流进行旱地推冰壶的练习。

4. 冰壶比赛

师：练习时间结束，旱地冰壶比赛马上开始，看一看哪一队得分最多！

（1）老师将幼儿分成两组，在起点处排两列进行比赛。

（2）引导各组成员每人完成一次推冰壶。

（3）老师带领幼儿一同点数锥桶确认各组得

2. 雪花飘落

师：冬天太美了，有可爱的雪娃娃，有开满银花的树伯伯，小朋友们看，一片片雪花飘落下来了。

（1）老师将雪花剪纸从上至下一片片飘下模仿雪花飘落，请幼儿欣赏。

（2）鼓励幼儿捡起“雪花”玩耍，向旁边的同伴比一比“雪花”的大小。

（3）请幼儿上前，根据自己捡到的“雪花”，用“我的是一片大雪花”的句子介绍雪花的特征。

3. 接小雪花

师：雪花自己玩耍会孤单，我们邀请其他雪花朋友吧！

（1）老师反复引导幼儿学习向对方有礼貌地提出邀请：“你愿意做我的好朋友吗？”

（2）播放歌曲《小雪花》，老师随着动听的歌声轻缓地走到一名幼儿的面前，暂停歌曲，向对方询问：“你愿意做我的好朋友吗？”幼儿回答“我愿意”后，便邀请其拉住老师的衣尾，以作示范。

（3）继续带领幼儿去寻找下一位雪花朋友，期间注意引导幼儿用语言邀请同伴，直至邀请到所有的“雪花”。

（4）老师引导幼儿从拉衣服的队形转换成围圈队形坐下。

4. 美丽雪花

师：所有的雪花聚在一起成了好朋友，这真是一道美丽的风景呀！

（2）播放视频，老师向幼儿介绍冬天的季节特征，引导幼儿认真观看学习。

2. 做雪球

师：地上有积雪，不如我们来做雪球吧！

（1）老师拿出缠有双面胶的小球，与助教老师分别坐在教室左右两侧，面对面配合来回推球，示范制作“雪球”的方法。

（2）引导幼儿仔细学习推球的动作，观察小球粘上纸屑变白的过程。

（3）将幼儿分为两人一组，在两侧面对面坐下。

（4）老师将球发给每组幼儿，播放音乐，引导幼儿按照教师的示范互推小球制作“小雪球”。

（5）“小雪球”制作完成，老师拿出大龙球，邀请幼儿围成圆圈站立。

（6）老师站在圆圈中间，随机将大龙球推向幼儿，引导幼儿站立将大龙球推给另一个人。

3. 雪球大变身

师：小朋友们太厉害了，大小雪球都做好了！现在我们一起用雪球制作雪人吧。

（1）老师出示纸片和“小雪球”，将小球粘贴到大龙球上方，作为雪人的头和身体，引导幼儿观察。

（2）点名邀请幼儿上台粘贴黑色圆形纸片作为雪人的眼睛，粘贴橙色三角形纸片作为雪人的鼻子。

4. 雪人好朋友

师：可爱的雪人做好了，我们来和它交朋友吧！

（1）老师展示雪人的造型，引导幼儿上前伸分情况，宣布比赛结果并奖励获胜队伍。

活动延伸

在日常生活中与小伙伴用不同材料进行“推冰壶”的游戏，如：易拉罐、瓶盖等。

附材料

自制冰壶示例

（1）请幼儿把手中的“雪花”放在一起。

（2）老师引导幼儿讨论，然后合作把片片“雪花”摆出各种造型。

活动延伸

在日常生活中，家长引导幼儿观察同伴并学会用“我可以和你一起玩吗”的句式加入游戏。

手轻轻摸一摸雪人。

（2）表扬幼儿积极参与活动的行为，老师代表雪人对幼儿进行奖励。

活动延伸

家长可以引导幼儿使用各种球类与小伙伴进行滚雪球比赛。

月主题二	冬天的童话	周主题一	冬爷爷来了	活动领域	科学

高组	有趣的静电	侧重领域	※ 认知 ※ 语言理解

有益经验

1. 观察生活中的静电现象，了解静电产生的原因。
2. 通过摩擦制造静电，利用静电吸取纸片等轻型物品。
3. 培养对科学的兴趣，感受静电的乐趣。

活动准备

◎视频：静电产生的原因以及生活中的静电现象
◎塑料棒每人 1 根
◎毛巾每人 1 条
◎纸屑若干

活动过程

1. 神奇的魔法

师：今天老师带来了一个神奇魔法棒，大家看看会有什么神奇的事情发生。

（1）出示塑料棒，让幼儿看一看、摸一摸。

（2）老师将纸屑撒在桌面上，用塑料棒靠近纸屑引导幼儿观察，纸屑不动。将塑料棒在毛巾上摩擦一阵后靠近纸屑，请幼儿观察纸屑被吸起的现象。

中组	冬爷爷的礼物	侧重领域	※ 认知 ※ 语言理解

有益经验

1. 认识冬天，了解冬天的天气变化。
2. 感知冰块，知道融化冰块的方法。
3. 能在活动中提出自己的设想，通过实验加以验证，体验解决问题的成就感。

活动准备

◎有洞的纸箱 1 个
◎冰块若干
◎中间夹有礼物的冰块每人 1 个
◎温水每人 1 杯
◎小水盆每人 1 个

活动过程

1. 冬天来了

师：你们知道现在是什么季节吗？天气有什么变化？

（1）老师引导幼儿结合生活经验回答季节：冬季。

（2）打开教室窗户，引导幼儿走近窗边，感受天气变化：寒冷。

低组	神奇人造雪	侧重领域	※ 认知 ※ 语言理解

有益经验

1. 认识冬天常见的景象：下雪。
2. 尝试用实验的方式来造雪，激发幼儿对雪的向往，感受探索的乐趣。

活动准备

◎人造雪制作的雪人模型 1 个
◎塑料盆 1 个
◎造雪粉 1 包，清水适量
◎一次性杯子每人 1 个，木棒每人 1 根
◎大水盆 4 个

活动过程

1. 可爱的雪人

师：快来看，这个浑身白白、脑袋圆圆、肚子圆圆的小家伙是谁？

（1）出示用人造雪制作的雪人模型，引导幼儿观察。

（2）老师抓取人造雪，撒在塑料盆中模拟下雪的场景，引导幼儿认识。

（3）老师向幼儿提问观察到的前后变化，引导幼儿思考。

2. 静电的秘密

师：魔法棒是怎样把纸屑吸上来的呢？你们知道什么是静电吗？

（1）播放视频，请幼儿观看了解日常生活中的静电现象。

（2）老师演示通过摩擦产生静电的方式，将“魔法棒”靠近头发、纸屑，物品被吸起。

（3）点名邀请幼儿上前将“魔法棒”靠近同伴的头发，其余幼儿观察静电现象。

3. 我的魔法棒

师：老师为每个人准备了一根塑料棒，小朋友们去给它们注入魔法吧！

（1）老师将塑料棒和纸屑逐一分发给幼儿，请幼儿尝试用塑料棒靠近纸屑观察是否有静电。

（2）老师将毛巾发给幼儿，引导幼儿用毛巾摩擦塑料棒，制造静电。

（3）老师引导幼儿将摩擦后的塑料棒再次靠近纸屑，观察纸屑被吸起的现象。

（4）请幼儿用自己身上的衣物进行摩擦实验，探索如何用静电吸起更多的纸屑。

4. 我是魔法师

师：小朋友们都拥有自己的魔法棒了，来吧，展示最厉害的魔术吧。

（1）老师引导幼儿逐一展示自己的魔法棒能够吸起纸屑，观察比较同伴吸住纸屑的数量。

（2）奖励积极参与实验活动的幼儿，请幼儿收拾物品到指定的位置，结束活动。

2. 冬爷爷的礼物

师：寒冷的冬天，冬爷爷给我们带来一个礼物，请小朋友们来摸一摸、猜一猜是什么东西！

（1）老师请幼儿将手伸进纸箱洞里用手捏一捏、摸一摸，初步感知冰块是冰的、硬的。

（2）取出冰块，引导幼儿观察冰块的形态特征，认识冰。

（3）老师请个别幼儿上前说一说冰块的特点，其余幼儿与同伴进行分享。

3. 冰中取物

师：哇，冬爷爷把礼物藏在了冰块里，有什么好办法可以把礼物取出来呢？

（1）展示材料，老师引导幼儿发现冰块中的礼物。

（2）老师示范取出礼物的方法，将冰块放入水盆中，缓慢倒入温水，观察并等待冰块融化，取出礼物向幼儿展示。

（3）将材料发给幼儿，请幼儿模仿老师的操作，尝试使用温水融化冰块，取出礼物。

（4）老师引导幼儿进行实验，老师巡回指导。

4. 分享成果

师：小朋友们都很能干，都拿到了礼物，接下来请小朋友找到自己的好朋友分享礼物吧！

（1）老师引导幼儿展示礼物。

（2）引导幼儿找到自己的好朋友分享礼物。

（3）引导幼儿轮流上前抓取人造雪撒入造景盆中，体验下雪的氛围。

2. 造雪的秘密

师：小朋友们，这些不会融化的雪是从哪里来的呢？

（1）老师出示实验材料，将适量造雪粉放入一次性杯子中，加入适量清水并用木棒搅拌，等待造雪粉吸足水变蓬松，请幼儿观察变化。

（2）将人造雪从杯子中倒出，观察形态，引导幼儿伸手触摸感知。

3. 造雪小实验

师：原来人造雪是这样变出来的，小朋友们也动手试一试把洁白的雪花制作出来吧。

（1）老师将材料逐一分发给幼儿，引导幼儿跟随老师将造雪粉放入杯子中。

（2）将适量清水倒入杯子中同时用木棒进行搅拌，请幼儿跟随老师的示范步骤进行操作。

（3）出示大水盆，将幼儿分成4组，每组分发1个大水盆，各组幼儿分别将自己制作的雪倒入盆中。

4. 一起造雪景

师：请小朋友们用这些雪制作自己心中的冬天美景吧！

（1）老师引导各组幼儿制作雪球，助教老师帮助其组合成雪人造型。

（2）引导幼儿布置场景并进行展示。

活动延伸

引导幼儿带塑料棒到户外找一找还有什么东西可以被吸起来。

活动延伸

在科学区提供各种材料，供幼儿继续探索冰中取物的不同方式，如泡温水、敲碎等。

附材料

有礼物的冰块示例

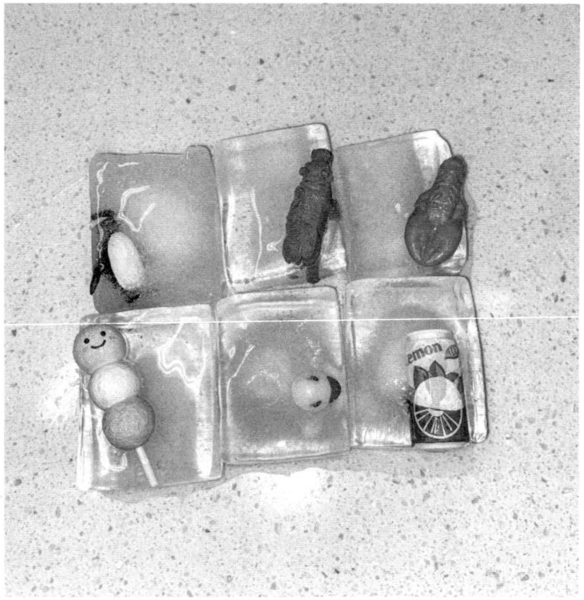

活动延伸

课后家长准备纸巾、布等不同材料，让幼儿探究不同材料的吸水性能。

月主题二	冬天的童话	周主题一	冬爷爷来了	活动领域	艺术

高组	雪花带来冬天的梦	侧重领域	※ 语言表达 ※ 精细动作

有益经验

1. 能认识冬天，并简单描述冬天的特征。
2. 能根据歌曲节奏画不同的线条：直线、曲线、波浪线。
3. 能根据歌词内容大胆地用肢体进行表演。
4. 能欣赏儿歌，感受儿歌的韵律美，激发幼儿对冬天的热爱之情。

活动准备

◎视频：下雪后的场景、动物冬眠等表现冬天特征的内容
◎歌曲：《雪花带来冬天的梦》
◎图片：印有雪花和小动物的 A4 纸每人 1 张
◎画笔每人 1 支

活动过程

1. 认识冬天

师：小朋友们，根据这些图片，猜猜这是什么季节？

（1）播放视频，请幼儿观看视频，观察冬天的基本特征。

（2）请幼儿描述冬天的特征：白色的雪花、地

中组	雪绒花	侧重领域	※ 语言表达 ※ 粗大动作

有益经验

1. 认识雪的形状。
2. 尝试用动作来表现音乐节奏。
3. 能跟随音乐节奏，用碰铃和手摇铃与同伴进行合奏。
4. 在分组伴奏时注意动作与同伴相互协调，体验与同伴进行音乐游戏的快乐。

活动准备

◎视频：雪花飞舞的场景
◎歌曲：《雪绒花》
◎乐器：碰铃、手摇铃若干

活动过程

1. 下雪了

师：北风北风呼呼，雪花雪花飘飘，小朋友们，你们知道雪是什么样子的吗？

（1）播放视频，请幼儿观看视频了解雪花飘落的状态，欣赏冬天美景。

（2）请幼儿带着问题“从天下飘下来的是什

低组	雪花纷飞	侧重领域	※ 粗大动作 ※ 认知

有益经验

1. 能认识雪，初步了解冬天的天气变化。
2. 能用容器把远处飘来的不织布雪花接住。
3. 能把相同形状的雪花进行配对。
4. 培养对音乐活动的兴趣，在音乐演奏中感受音乐的节奏。

活动准备

◎课件：下雪高清动态图片 1 张
◎歌曲：《雪花纷飞》
◎图片：印有雪花图片的 A4 纸每人 1 张
◎固定有子母贴的不织布雪花若干
◎小脸盆每人 1 个

活动过程

1. 看一看

师：呼呼呼呼，下雪了，好冷呀！

（1）播放下雪的动态图，请幼儿观看。

（2）播放歌曲《雪花纷飞》，老师根据歌曲内容将“雪花”撒到空中，使“雪花”飘落下来，请幼儿观看。

上有厚厚的雪、走在雪地上有深深浅浅的鞋印、树枝被雪压得弯弯的、小动物冬眠等。

2. 描绘音乐

师：小朋友们太棒了，说出了冬天的这么多特征，我们尝试跟随音乐用笔把冬天描绘下来吧。

（1）播放歌曲《雪花带来冬天的梦》，请幼儿聆听歌曲，感知歌曲节奏。

（2）老师出示有雪花、小动物的 A4 纸，并跟随音乐节奏在 A4 纸上画出不同的线条将雪花和动物连起来：A 段时跟随音乐旋律用曲线将两片雪花连起来，B 段时跟随音乐节奏用直线将小动物连起来，C 段时跟随旋律流畅地画出波浪线，D 段时跟随旋律欢快自然地画出风吹的线条。

（3）老师将印有雪花和小动物的 A4 纸分发给幼儿，并引导幼儿跟随音乐旋律画出图谱。

3. 歌曲演绎

师：冬天太冷了，小动物都睡着了，还做了一个甜美的梦。让我们跟随动物的脚步，一起去感受冬天吧。

（1）请幼儿站在教室的地线上，以一臂的距离间隔开。

（2）播放歌曲《雪花带来冬天的梦》，老师用肢体来演绎歌词的内容：A 段做雪花飘落的手势，B 段幼儿扮演不同动物依次蹲下，C 段蹲下做睡觉的姿势，D 段起立左右摇摆，请幼儿观察学习。

（3）请幼儿模仿老师的表演，集体进行歌曲么”“雪是什么颜色的”再次观看视频。

（3）老师提问，请幼儿回答上述问题。

2. 雪绒花

师：寒冷的冬天里，雪白雪白的雪绒花正在长大，接下来让我们听一首音乐《雪绒花》，感受一下吧。

（1）播放歌曲《雪绒花》，请幼儿用身体动作表现音乐节奏。

（2）请 1 名助教老师上前与老师一同表现音乐节奏，播放歌曲，老师每三拍拍一次手，助教老师每三拍双手握拳互碰表现歌曲节奏。

（3）将幼儿分成两组，一组用拍手表现音乐节奏，另外一组用双手握拳上下互碰表现音乐节奏。

3. 乐器合奏

师：这真是一首很优美的曲子呢，带上碰铃和手摇铃和好朋友一起给歌曲伴奏吧。

（1）将碰铃分发给一组幼儿，老师念唱歌词并引导幼儿跟随节奏，敲击自己手中的碰铃。

（2）将手摇铃分发给另外一组幼儿，引导幼儿一手张开，一手握住手摇铃，老师念唱歌词并引导幼儿跟随节奏敲手摇铃。

（3）播放歌曲《雪绒花》，引导所有幼儿跟随音乐节奏进行演奏。

（3）老师使用小脸盆接住掉落的“雪花”，并引导幼儿仔细观察如何接住“雪花”。

（4）再次播放歌曲，请幼儿模仿老师使用小脸盆接住“雪花”。

2. 贴一贴

师：雪花纷纷飘落，可是它们怎么也找不到自己的好朋友，请小朋友们帮它们找一找吧！

（1）展示 A4 纸，老师引导幼儿认识纸张上雪花的形状和位置。

（2）老师从小脸盆里拿出一片“雪花”贴在对应雪花图片上，请幼儿观察。

（3）请个别幼儿上前参照老师的做法把“雪花”贴在雪花图片上。

（4）老师给幼儿分发纸张，随着歌曲《雪花纷飞》，一句歌词配对贴一片“雪花”。

3. 演一演

师：雪花飘落下来真美呀，看看老师如何用身体表演出雪花落下来的样子。

（1）播放歌曲，歌曲前奏部分老师左右摇晃身体，当听到歌曲唱到“飘下来”时原地蹲下。

（2）老师引导幼儿围圈站好，老师清唱歌曲并引导幼儿原地蹲下，模仿雪花落下。

（3）播放音乐，请幼儿根据歌曲进行表演。

演绎，在表演中感受冬天的特征：雪花飘、动物冬眠。

活动延伸

引导幼儿观察季节变化时，注重植物、动物和环境的变化，加深对一年四季自然景观和气象的认识，激发幼儿对大自然的热爱之情。

附材料

《雪花带来冬天的梦》画线示意图

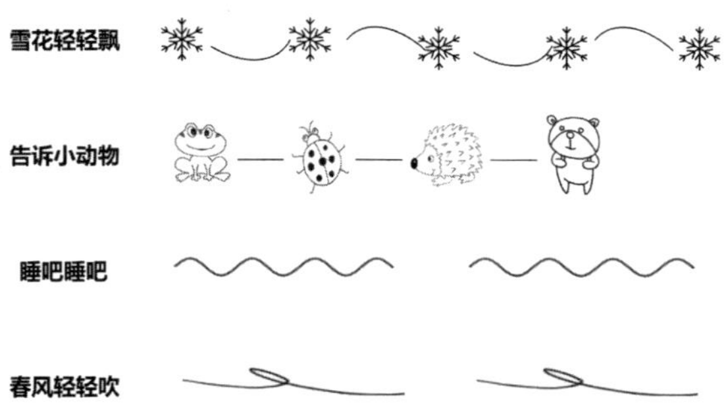

活动延伸

引导幼儿观看冬天下雪以及冬天生活方式的视频，丰富关于冬天的认知，激发幼儿热爱大自然的情感并将其运用到音乐活动中去。

活动延伸

引导幼儿在冬天的主题画创作中粘贴雪花图片，构成美丽的冬天图画。

月主题二	冬天的童话	周主题二	天冷我不怕	活动领域	健康

高组	保暖“小武器”	侧重领域	※ 生活自理 ※ 语言表达

有益经验

1. 能认识冬季防寒保暖的方法：穿棉衣、戴手套、戴围巾。
2. 学会区分手套左右手并戴上分指的手套。
3. 学会穿戴围巾。
4. 能在学习穿戴的过程中收获成就感，感受围巾和手套带来的温暖。

活动准备

◎视频：儿童戴围巾和手套的内容
◎歌曲：《机器人之舞》
◎围巾每人 1 条、手套每人 1 双

活动过程

1. 保暖方法多

师：冬天真冷呀，一些小朋友说他们有办法抵御寒冷，是什么好办法呢？

（1）播放视频，请幼儿仔细观看，并根据视频内容描述防寒保暖的方法：戴手套、戴围巾。

（2）老师引导幼儿根据生活经验说出其他防寒

中组	保暖小能手	侧重领域	※ 生活自理 ※ 认知

有益经验

1. 能认识保暖衣物：棉衣、毛衣。
2. 能自己穿上棉衣外套。
3. 能和同伴进行穿衣竞赛游戏。
4. 在课堂中收获独立穿衣的成就感，培养防寒保暖的意识。

活动准备

◎课件：棉衣、棉裤、帽子、外套彩色图片
◎视频：讲解穿棉衣的步骤
◎歌曲：《宝宝不怕冷》

活动过程

1. 冬天衣物

师：冬天的风呼呼地吹，吹得我们很冷，小朋友看一看，老师穿了什么呢？

（1）请幼儿说出老师身上穿的衣物名称。

（2）播放课件，引导幼儿认识保暖衣物。

（3）请幼儿说出自己及同伴身上穿的衣物名称。

低组	穿袜子	侧重领域	※ 生活自理 ※ 认知

有益经验

1. 认识衣物：袜子。
2. 学会穿上长袜子。
3. 能够从篮子里找出两只完全相同的袜子。

活动准备

◎视频：讲解穿袜子的步骤
◎篮子 1 个
◎成人袜 1 双
◎手套 1 对

活动过程

1. 认识袜子

师：哎呀，老师今天竟然忘记穿袜子了，脚好冷呀！你们能帮老师找到袜子吗？

（1）老师把手套和袜子放在桌面上，引导幼儿观察。

（2）老师讲解袜子的功能及外表特征。

（3）请幼儿按顺序上前挑选出袜子。

保暖的方法：穿棉衣、开暖气、做运动等。

2. 我会戴围巾

师：冬天脖子被风吹得真冷啊！天线宝宝会戴上暖暖的围巾，小朋友们也来学一学吧。

（1）老师一边念唱《戴围巾》歌谣，一边进行戴围巾的动作示范：左右手先分别拿起围巾一端，再把围巾套在脖子上，接着把围巾交叉在胸前简单打结，最后整理围巾。

（2）老师带领幼儿念唱歌谣，引导幼儿按照老师的示范练习戴围巾。

3. 我会戴手套

师：脖子戴上围巾真温暖，那小手又如何保暖呢？

（1）老师念唱《戴手套》歌谣，同步示范戴手套的方法，请幼儿仔细观察。

（2）老师引导幼儿认识并区分手套的左右。

（3）带领幼儿跟随念唱《戴手套》歌谣，同步进行戴手套的练习。

4. 舞动冬日

师：小朋友们都戴上了围巾和手套，可爱又暖和，天线宝宝邀请你们一起去跳冬日之舞，我们出发吧。

（1）播放歌曲《机器人之舞》，引导幼儿起立。

（2）引导幼儿跟随视频和天线宝宝一起跳舞。

活动延伸

在居家环境中，引导幼儿模仿大人穿衣。通过模仿，培养幼儿的观察能力，提高幼儿的自理能力。

2. 学习穿棉衣

师：小朋友们都穿了棉衣，老师听说呀，有些小朋友身上的棉衣是爸爸妈妈帮忙穿上的。现在，老师就教大家自己穿棉衣。

（1）播放视频，引导幼儿通过视频了解穿衣步骤。

（2）老师示范穿棉衣的步骤：把棉衣的衣领靠近自己，背面贴着桌子敞开放好，接着把左手伸进左边袖口，再把右手伸进右边的袖口，最后双手往头顶一挥，整理衣领。

（3）请幼儿按照老师的示范步骤练习穿棉衣。

3. 穿棉衣比赛

师：小朋友们太能干啦，都学会了穿棉衣。现在老师要请你们一起来玩穿棉衣游戏。

（1）老师在教室中间摆放 6 张桌子，每 3 张桌子排成 1 列，2 列桌子间隔 1 米左右。

（2）将幼儿分成 2 组，分别站在 2 列桌子旁边。

（3）请幼儿先把棉衣脱下来放到桌子上面。

（4）老师引导幼儿进行穿棉衣比赛。

4. 冬衣秀

师：两个小组的小朋友都穿好棉衣啦！我们来展示一下吧！

（1）请幼儿分组展示。

（2）老师肯定幼儿在比赛中的表现。

活动延伸

天气寒冷时，引导幼儿注意保暖，学会独自穿衣服、戴帽子、戴围巾等，提高幼儿的自理能力。

2. 学穿袜子

师：谢谢小朋友们帮老师找到了袜子，现在我们来看看袜子是怎么穿到脚上的吧！

（1）播放视频，引导幼儿观察穿袜子的过程。

（2）老师示范穿袜子并引导幼儿观察学习：先双手拿袜口两边，再张开袜口，接着把脚对准袜口，把脚伸进袜口，最后双手往上拉。

3. 穿袜小能手

师：老师的袜子漂亮又暖和，老师也想看看小朋友们的袜子长什么样子。

（1）请幼儿脱下一只袜子给老师展示，老师把展示完的袜子放入一个篮子里。

（2）引导幼儿逐一在篮子里寻找与自己脚上配对的袜子。

（3）请幼儿根据老师的示范步骤穿上袜子。

（4）引导幼儿检查两只脚上的袜子是否配对。

4. 袜子穿好啦

师：小朋友们太能干啦！我们来看看谁是穿袜小能手。

（1）请幼儿逐一上台展示自己的穿袜效果。

（2）老师对孩子的穿袜成果一一进行点评并进行表扬和鼓励。

活动延伸

在日常生活中，家长引导幼儿学穿袜子，养成自己的事情自己做的好习惯。

附材料

1.《戴围巾》歌谣

两个好朋友，交叉手握手；
弯腰钻过门，抓住拉拉紧。

2.《戴手套》歌谣

张开五个手指头，来和手套对一对，
爸爸伸进大洞洞，妈妈伸进二洞洞，
哥哥伸进三洞洞，姐姐伸进四洞洞，
宝宝伸进小洞洞；换只小手再继续，
张开五个手指头，来和手套对一对，
爸爸伸进大洞洞，妈妈伸进二洞洞，
哥哥伸进三洞洞，姐姐伸进四洞洞，
宝宝伸进小洞洞，我的手套戴好了。

月主题二	冬天的童话	周主题二	天冷我不怕	活动领域	语言

高组	冬天穿什么	侧重领域	※ 认知 ※ 语言表达

有益经验

1. 能区分冬季保暖的衣物并说出名称。
2. 能用由数词和量词组成的词组表达衣物的数量。
3. 能数出同伴身上的衣物数量。
4. 认识到冬天保暖的重要性，养成冬季保暖的意识。

活动准备

◎课件一：不同人物穿着冬天衣物的彩色图片
◎课件二：秋衣、毛衣、棉衣、秋裤、长裤、手套、雪地靴、短袖、短裤、凉鞋、背心的彩色图片
◎图片：剪好的人物、衣物（秋衣、毛衣、棉衣、秋裤、长裤、袜子、雪地靴、帽子、围巾、手套）图片1组

活动过程

1. 冬天来了

师：冬天来了，我们要把薄薄的短袖短裤收起来，穿上厚厚的衣服，那么，哪些才是冬天保暖的衣物呢？

中组	怕冷的大恐龙	侧重领域	※ 语言表达 ※ 社交技能

有益经验

1. 能说出冬天的特征：天气很冷、下雪。
2. 能根据绘本内容认识取暖方式：开暖气、穿棉衣、点火堆、做运动。
3. 能扮演绘本中的人物，演绎绘本内容。
4. 通过角色扮演的游戏，体验其带来的乐趣。

活动准备

◎课件：开暖气、穿棉衣、点火堆、做运动的彩色图片
◎视频：冬天下雪、刮风的场景
◎绘本：《怕冷的大恐龙》
◎小姑娘、老奶奶、恐龙角色头饰各1个

活动过程

1. 好冷的冬天

师：冬爷爷来了，天气也发生了变化，冬天是怎样的呢？

（1）播放视频，请幼儿观察画面，聆听视频

低组	暖暖的冬天	侧重领域	※ 语言理解 ※ 生活自理

有益经验

1. 能认识冬天的衣物：衣服、裤子、帽子、围巾。
2. 能将衣物图片粘贴在人物图片的正确位置。
3. 能自己戴上帽子、围上围巾。
4. 能通过穿戴衣物的活动，感受冬天衣物带来的温暖。

活动准备

◎课件：衣服、裤子、帽子、围巾的彩色图片
◎图片：人物、衣服、裤子、帽子、围巾的彩色图片各1张
◎绘本：《小布真暖和》
◎衣服和裤子各1件
◎帽子和围巾每人1套
◎免钉胶1板
◎用绳子绑好的滑板车每组1辆

活动过程

1. 小布真暖和

师：今天老师带来了一本有趣的绘本，大家一起来听故事吧！

（1）出示绘本《小布真暖和》，老师讲述故事，

（1）播放课件一，引导幼儿观察图片中人物的穿着。

（2）播放课件二，请幼儿从图片中挑选出冬天保暖的衣物，引导幼儿说出衣物的名称。

2. 穿了什么衣服

师：小朋友们冬天出门可不能只穿一件衣服哦，我们一起数一数这个小朋友穿了多少件衣服吧。

（1）出示人物和衣物图片教具，向幼儿展示，请幼儿仔细观察。

（2）老师逐一将衣物图片从人物身上撕下，引导幼儿用数词和量词组成的短语表达，如：1件衣服、1条裤子、1双袜子、1双鞋子、1顶帽子、1条围巾、1副手套。

（3）老师带领幼儿一起点数衣物总数，并进行表达。

3. 同伴的衣物

师：小朋友们还记得自己穿了多少衣服出门吗？不记得也没关系，请互相为身边的同伴数一数吧。

（1）老师将幼儿分成两人一组，引导幼儿一人点数，另一人配合，互相点数对方身上的衣物。

（2）幼儿使用数词和量词组成的短语表达点数的结果。

4. 暖暖的冬天

师：我们身上穿了这么多的衣服，所以一点儿也不冷。这个寒冷的冬天有厚厚的衣服给我们温暖。

（1）老师引导幼儿整理好身上的衣物。

中的风声。

（2）老师引导幼儿说出冬天的天气特征：天气很冷、下雪等。

2. 怕冷的大恐龙

师：阿嚏，阿嚏，教室里跑进来了一只大恐龙，它怎么了？

（1）老师佩戴恐龙头饰模仿恐龙的声音打喷嚏，询问幼儿恐龙怎么了，引导幼儿回答问题。

（2）播放绘本，老师讲述并演绎绘本故事，引导幼儿仔细聆听。

（3）播放课件，根据绘本内容展示不同取暖方法的彩色图片：开暖气、穿棉衣、点火堆、做运动，老师引导幼儿根据图片说出取暖方法。

3. 帮帮大恐龙

师：下雪了，这只大恐龙好冷啊，我们一起去帮助它吧！

（1）播放视频，请助教老师佩戴恐龙头饰扮演恐龙，邀请2名幼儿佩戴头饰分别扮演小姑娘和老奶奶，其他幼儿扮演绘本中的小朋友。

（2）老师讲述故事推动剧情，引导“小姑娘”打开暖气，引导“老奶奶”和小朋友给“恐龙”披上棉衣。

4. 运动更暖和

师：可是恐龙还是觉得冷，还有什么更好的办法吗？

（1）幼儿回忆绘本内容，老师做动作提示，引导幼儿回答问题：做运动。

请幼儿聆听并观察小布出门时所穿戴的衣物。

（2）老师引导幼儿根据绘本内容选出对应衣物，引导幼儿认识小布的穿着。

2. 小布的衣物

师：小布很怕冷，他出门前都穿了哪些衣物呢？我们一起来看看吧！

（1）播放课件，教师引导幼儿认识冬天的衣物：衣服、裤子、帽子、围巾。

（2）课件中展示人物及衣物图片，老师引导幼儿指认衣物并将不同的衣服图片移动到恰当的位置，给人物图片“穿上衣物”。

（3）老师出示人物和衣物的彩色图片，点名邀请幼儿挑选衣物图片粘贴到正确的位置。

3. 穿上厚衣服

师：小布的衣服穿好了，小朋友们也把冬天的衣物穿戴整齐，和小布一起出门玩耍吧！

（1）出示帽子和围巾，请幼儿逐一挑选自己喜欢的款式。

（2）老师示范穿戴帽子和围巾，引导幼儿观察穿着技巧。

（3）老师引导幼儿穿戴自己挑选的帽子和围巾。

4. 一起玩耍吧

师：现在我们可以一起出门玩耍啦！

（1）展示绘本中小布出门玩耍的内容，老师继续讲解绘本内容。

（2）引导幼儿排队走出教室，拿出滑板车，将幼儿分成两人一组，一人拉绳一人坐车，交替进行。

（2）点评幼儿的课堂表现，表扬幼儿的互相配合。

活动延伸

家长可在生活中引导幼儿认识更多的保暖衣物：羽绒服、棉袜等。

（2）老师继续念读绘本内容，引导幼儿和“恐龙”一起围圈跑一跑、跳一跳。
（3）助教老师脱掉外套，表演擦汗的动作。老师引导幼儿回到座位休息，表扬幼儿热心帮助“恐龙”的表现。

活动延伸

家长可把恐龙换成其他小动物，和幼儿练习角色扮演。

（3）老师发出指令，引导幼儿集合回到教室休息。

活动延伸

家长可在日常生活中引导幼儿自己穿脱衣物。

月主题二	冬天的童话	周主题二	天冷我不怕	活动领域	社会

高组	冬季衣橱	侧重领域	※ 社交技能 ※ 语言表达

有益经验

1. 认识冬季保暖的衣物并说出名称。
2. 能扮演顾客的角色。
3. 能根据衣物的售价正确使用钱币支付。
4. 培养独立自主的意识，从情境中体验购物的乐趣。

活动准备

◎落地晾衣架、衣架若干
◎羽绒服、毛衣、棉裤、棉鞋、围巾、帽子、手套等衣物每人 1 件
◎道具钱币若干

活动过程

1. 保暖妙招

师：冬天真冷啊！小朋友们有什么保暖的小妙招吗？

（1）老师提出问题，组织幼儿讨论冬天的保暖方法。

（2）老师引导幼儿根据日常经验说出解决办法：多穿衣服、开暖气、用热水袋等。

2. 冬天衣物

师：原来有这么多保暖的方法！我们最常用

中组	晒太阳	侧重领域	※ 社交技能 ※ 语言理解

有益经验

1. 能感受冬天的温度变化，感受阳光的温暖。
2. 能理解童谣念唱的内容并做出相应动作。
3. 能听懂游戏规则，遵守规则与同伴进行游戏。
4. 感受在阳光下游戏的乐趣，体会冬日氛围。

活动准备

◎自编童谣:《我的身体暖洋洋》
◎歌曲:《种太阳》
◎便携音响 1 个

活动过程

1. 降温的冬天

师：冬天天气越来越冷，但是我们不怕，小朋友们想一想这是为什么？

（1）老师带领幼儿来到户外环境，提出疑问引导幼儿思考。

（2）幼儿认真思考并根据自己的经验回答问题：穿了棉衣、穿了秋裤等。

（3）老师提示幼儿感受太阳的温度，引导幼儿回答：阳光使人感到温暖。

低组	娃娃的帽子	侧重领域	※ 社交技能 ※ 语言理解

有益经验

1. 能认识冬季保暖衣物：帽子。
2. 理解规则并能和同伴比赛找娃娃的帽子。
3. 能把帽子传递给同伴并给娃娃戴上帽子。
4. 增强幼儿合作能力，培养他们关心他人的品质。

活动准备

◎大小不同的毛绒帽子共 5 个
◎大小不同的雪人娃娃玩偶共 5 个
◎平衡木 2 组，彩虹河石 10 颗
◎篮子 2 个

活动过程

1. 认帽子

师：冬天真冷，看看老师头上戴了什么东西来防御寒冷？

（1）老师头上戴着一顶毛茸茸的帽子，请幼儿观察帽子的外形特征。

（2）请幼儿触摸、感知帽子，同时老师讲解帽子的用途。

（3）请幼儿指一指、认一认大小不同的帽子。

的保暖方式就是多穿厚衣服，看，你们今天都穿了什么衣物呢？

（1）老师展示并介绍自己的穿着，请幼儿用手触摸并感受不同材质，引导幼儿认识衣物名称。

（2）邀请幼儿上前展示自己的衣物，并介绍衣物。

3. 买新衣服

师：小朋友们的衣服又漂亮又暖和，可是我们长高后，衣服就不太合身了，不如我们今天一起去买新衣服吧！

（1）提前布置教室环境，在教室后方摆放一排衣架并挂上冬天的衣物作为服装展示区，在教室前方摆放柜台作为收银台。

（2）老师扮演顾客，邀请助教老师扮演售货员上前一同进行演示，引导幼儿仔细学习沟通方式：双方见面相互打招呼说“你好”，顾客挑选衣物后向售货员询问价格，顾客进行支付完成购物。

（3）老师将幼儿分成两组，请助教老师扮演售货员，将道具钱币发给第一组幼儿，引导幼儿进入服装展示区进行购物。

（4）购物过程中老师引导幼儿使用礼貌用语，并使用正确的钱币进行结算。第二组活动同上。

4. 服装展示

师：大家都买到新衣服了，快来展示一下吧！

（1）老师请幼儿换上新衣服，引导幼儿依次从教室后方向前走，进行服装展示。

（2）老师点评并表扬幼儿有礼貌的表现，鼓励幼儿在生活中尝试体验自己购物。

2. 晒太阳

师：是的！太阳公公在寒冷的冬天给我们带来了温暖，我们今天一起和好朋友来晒晒太阳吧。

（1）将幼儿分为两人一组，面对面站立，老师和助教老师在前面做示范。

（2）老师一边念唱童谣《我的身体暖洋洋》，一边和助教老师进行互动活动的示范，念唱到不同身体部位时两人互相轻拍对方相应部位。

（3）念唱童谣，老师带领幼儿一起参与互动活动。

3. 踩影子

师：太阳让身体暖洋洋的。看！晒太阳的时候地面出现了黑黑的东西，这是我们的影子。让我们一起来玩踩影子的游戏吧！

（1）老师和助教老师示范踩影子的游戏，同时讲解游戏规则：两人一组，互相踩对方的影子，进攻的同时需要通过跑、跳等移动方式保护自己的影子。

（2）老师引导幼儿找到自己的好朋友结成两人一组，播放音乐，分散进行游戏。

4. 致太阳

师：小朋友们真厉害呀，不仅能保护好自己的影子还能踩到对方的影子。我们要谢谢太阳的陪伴，让我们的冬天不再寒冷。

（1）老师表扬幼儿积极参与活动的行为，引导幼儿带上自己的衣物。

（2）组织幼儿排队，散步返回教室。

2. 寻帽子

师：小帽子真神奇，戴上暖暖的，是谁没有戴上暖和的帽子呢？我们一起来帮助它找到暖和的帽子吧。

（1）老师出示大小不同的雪人娃娃玩偶，请幼儿观察娃娃有没有戴帽子。

（2）老师在教室的柜子处放置大小不同的帽子，引导幼儿观察能在哪里找到帽子，并给相应的雪人娃娃戴上。

（3）在教室的地线上分别摆放一组平衡木，平衡木后放置 5 颗彩虹河石，彩虹河石间距 10 厘米，请 2 名幼儿双脚交替走过平衡木、跨过彩虹河石后快速到柜子处拿取帽子，再返回起点，将帽子放进篮子里。

（4）将班级幼儿分成 2 组，比赛帮助雪人娃娃找帽子。

3. 戴帽子

师：有了毛绒帽子，雪人娃娃就不怕冷了，大家给雪人娃娃戴上帽子吧。

（1）老师组织幼儿分组列队，以篮子处作为起点，并在两队幼儿后面摆放 5 个大小不同的雪人娃娃玩偶。

（2）老师引导在起点的幼儿将帽子传递给同伴，最后一名幼儿根据帽子的大小给相应的雪人娃娃戴上，直到所有雪人娃娃都戴上帽子。

（3）老师引导另一组幼儿一起检查雪人娃娃戴的帽子是否正确。

活动延伸

家长可以引导幼儿在社会环境中独立完成简单的购物活动。

活动延伸

在生活情景中家长可以拓展自编童谣，带领幼儿到户外环境进行互动游戏。

附材料

《我的身体暖洋洋》自编童谣

冬天到，晒太阳，头发头发暖洋洋；
冬天到，晒太阳，肩膀肩膀暖洋洋；
冬天到，晒太阳，小手小手暖洋洋；
冬天到，晒太阳，小脚小脚暖洋洋。

活动延伸

在不同课程中可引导幼儿传递教具，增强幼儿的合作能力。

月主题二	冬天的童话	周主题二	天冷我不怕	活动领域	科学

高组	暖烘烘	侧重领域	※ 认知 ※ 精细动作

有益经验

1. 能了解冬天的取暖工具：热水袋、暖宝宝、电热毯、电暖炉、空调。
2. 能掌握常见取暖工具的正确使用方式，尝试安全地操作。
3. 增强使用取暖工具的安全意识，激发幼儿对周围生活工具的关注和兴趣。

活动准备

◎课件：热水袋、暖宝宝、电热毯、电暖炉、空调的图片
◎图片：正确使用热水袋、暖宝宝等取暖工具的图片各 1 张
◎热水袋 2 个
◎暖宝宝每人 1 片

活动过程

1. 取暖方法

师：冬天真的来了，天气变冷，小朋友，你们都是怎么取暖的？谁来分享一下呢？

中组	有趣的哈气	侧重领域	※ 认知 ※ 精细动作

有益经验

1. 了解哈气时会产生白雾的现象。
2. 能在镜子上哈气并作画。
3. 能积极探索、观察生活中哈气产生白雾的现象。

活动准备

◎课件：对镜面哈气的动态图、镜面哈气作画游戏组图
◎绘本：《哈气河马》
◎镜子（参考尺寸：15 厘米 x 10 厘米）每人 1 面

活动过程

1. 哈气河马

师：冬天真冷呀，小朋友有没有见过说话的时候小嘴巴里冒出来的白气呢？那是什么？

低组	不怕冷的“雪球”	侧重领域	※ 认知 ※ 精细动作

有益经验

1. 感受压强变化对“雪球”的影响。
2. 能双手配合把“雪球”放在瓶口，并翻转瓶身。
3. 在科学实验中培养幼儿发现问题、解决问题的能力。

活动准备

◎视频：通过改变浮力，使乒乓球浮出水面的科学小实验
◎冰沙捏成的雪球 1 个
◎白色乒乓球每人 1 个
◎透明矿泉水瓶（500 毫升）每人 1 个
◎去掉瓶底的透明瓶子每人 1 个
◎小塑料托盘每人 1 个

活动过程

1. 小雪球不怕冷

师：冬日里的雪白茫茫的，一个个雪球在地上滚来滚去，它们一点都不怕冷呢。

（1）老师引导幼儿结合生活经验思考问题，并回答取暖方法。

（2）播放课件，老师根据幼儿的回答逐一出示相应的取暖工具的图片，引导幼儿认识。

2. 安全使用

师：老师今天带来了一些常见的取暖工具介绍给大家，我们一起看一看！

（1）出示常见取暖工具：热水袋、暖宝宝，请幼儿用手感受取暖工具的初始温度。

（2）播放课件，请幼儿判断取暖用具使用方法的正误，学习正确安全使用取暖工具的方法。

（3）老师逐一演示取暖工具的使用方法，引导幼儿观看学习：热水袋——连接电源；暖宝宝——将塑料包装外袋撕开，取出暖宝宝，剥离衬纸，贴在衣服上。

（4）老师邀请幼儿尝试使用正确的方式安全地操作热水袋加热，并学会撕开暖宝宝贴在自己的衣服上。

3. 感受温度

师：小朋友们快来摸一摸，温度有变化了！

（1）邀请幼儿上前伸手触摸加热后的热水袋，感受温度变化。

（2）老师引导幼儿伸手摸一摸自己衣服上的暖宝宝，感受温度变化。

（3）请幼儿分享自己使用取暖工具后的感受，老师总结冬天使用取暖工具的注意事项，并提醒幼儿注意防寒保暖。

（1）老师讲述绘本故事，引导幼儿认识冬天哈气时会产生白雾的现象。

（2）老师请幼儿把小手放在嘴巴前，感受并描述嘴巴吐气出来的温度：热热的。

2. 哈气现象

师：绘本中的小男孩对着窗户哈气，不用颜料不用笔，画出了一只可爱的河马，看，老师也可以！

（1）出示镜子，老师请幼儿伸手摸一摸，感受并描述镜子的温度：冰冰的。

（2）老师对着镜子哈气，引导幼儿观察镜子上的雾气，用手指在雾气上画出花朵的形状，向幼儿展示。

（3）老师讲解白雾现象的原理：冬天天气冷，镜子也是冷冷的，嘴巴哈出的气体是热热的，当热热的气遇到寒冷的空气或者物品就会变成白雾。

3. 镜面作画

师：小朋友们想不想也和镜子上的白雾做游戏？一起来试一试吧。

（1）播放课件，引导幼儿观看镜面哈气的动态图。

（2）老师将镜子发给幼儿，请幼儿尝试对着镜面哈气，观察镜面起雾的现象。

（3）演示镜面哈气作画，引导幼儿用手指在镜面的白雾上自由作画。

（4）老师逐一邀请幼儿上前对着镜面哈气并在起雾的镜面上作画，然后向大家展示作品。

（1）出示冰沙捏成的雪球，引导幼儿摸一摸，看一看，老师告诉幼儿这是一个雪球。

（2）老师一边介绍雪球的搓、抛、滚等多种玩法，一边进行展示，调动幼儿的兴趣。

2. 会吸住水的“小雪球”

师：老师带来的一个“小雪球”会吸水哦，让我们来看看它的威力吧。

（1）老师将“雪球”（白色乒乓球）放置在矿泉水瓶瓶口，用手压住“雪球”将瓶身倒置，松开手后请幼儿观察“雪球”落下的现象。

（2）将水装满矿泉水瓶，再次将“雪球”置于瓶口，用手压住“雪球”把瓶子倒置，松开手后请幼儿观察“雪球”被吸住的现象。

（3）给幼儿分发装满水的瓶子、乒乓球及小水盆每人1份，引导幼儿探索雪球被吸住的现象。

（4）老师把“雪球”放在瓶口，用手压住后把瓶子倒立过来，同时引导幼儿模仿老师同步操作。

（5）请幼儿松开压住“雪球”的手，发现“雪球”被吸住，并向同伴展示实验。

3. “小雪球”会跳高

师：“雪球”除了能吸住水，还会在水里跳高呢，你们看。

（1）播放视频，引导幼儿观看。

（2）老师给幼儿分发去掉瓶底和瓶盖的透明瓶子、“雪球”、小托盘每人1份，与幼儿一起观察“雪球”跳高的现象。

（3）老师把去掉瓶底的透明瓶子拧掉瓶盖倒

活动延伸

课后可以引导幼儿了解冬季服饰、取暖用具的作用和正确的使用方法，感受工具为生活带来的便利。

活动延伸

在区角活动中，引导幼儿对着镜面哈气，与同伴合作完成绘画作品。

置，把“雪球”放进去并在瓶子里倒满水，然后将瓶子平稳扣在托盘中，观察“雪球”向上跳起又落下的现象，同时引导幼儿与同伴进行实验。

活动延伸

课后可以引导幼儿用多种方式玩乒乓球，增强幼儿对科学探究的兴趣，如：把球放到水杯里，对球吹气让球跳到另一个水杯里等。

附材料

“小雪球”实验装置示意图

月主题二	冬天的童话	周主题二	天冷我不怕	活动领域	艺术

高组 空气马甲

侧重领域：※ 精细动作 ※ 语言表达

有益经验

1. 能认识衣物：马甲。
2. 能沿气泡袋上的线剪出图形。
3. 能沿图案的边线贴上子母贴。
4. 通过有趣的空气马甲手工制作活动，培养幼儿对手工制作的兴趣，体验变废为宝的成就感。

活动准备

◎课件：制作空气马甲的步骤图
◎空气马甲成品 1 件
◎ 40 厘米宽、80 厘米长的气泡袋每人 1 张
◎剪刀、马克笔每人 1 份
◎子母贴每人 1 份

活动过程

1. 有趣的马甲

师：老师这儿有一件特别有趣的马甲，谁想穿上试试看？

中组 雪人的帽子

侧重领域：※ 精细动作 ※ 语言表达

有益经验

1. 认识冬季的衣物：帽子、围巾、手套。
2. 能撕开双面胶并粘贴在水果网的边缘，能通过卷折的方式制作帽檐。
3. 能系简单的绳结。
4. 能在制作雪人帽的手工活动中，感受到将废旧物品组合创新的乐趣。

活动准备

◎歌曲：《雪绒花》
◎图片：穿戴帽子、围巾、手套的雪人图片 1 张，不穿戴帽子、围巾、手套的雪人图片 1 张
◎水果网每人 1 个
◎细绳每人 2 段
◎双面胶每人 1 卷
◎儿童安全剪刀每人 1 把
◎雪人模型每人 1 个

活动过程

1. 雪人少了什么

师：雪人墩墩和融融今天约大家一起去爬山看雪、打雪仗，看看他们准备好了吗？

低组 暖手袋

侧重领域：※ 精细动作 ※ 认知

有益经验

1. 认识保暖工具：暖手袋。
2. 能双手配合把米装进袜子里。
3. 能双手配合把装有米的袜子套上袜子。
4. 体验做暖手袋的乐趣，培养幼儿对手工活动的兴趣。

活动准备

◎视频：用袜子制作暖手袋的教程
◎神秘盒子、提前做好的暖手袋各 1 个
◎剪成两截的袜子（上半截的一端绑好绳子）每人 1 份
◎大米每人 1 份
◎细绳每人 2 根
◎儿童安全剪刀每人 1 把

活动过程

1. 神秘的礼物

师：天真冷呀，冻得小手红彤彤的，有什么办法能让小手暖和起来呢？

（1）老师出示空气马甲，并展示其透明却不透风的特点。

（2）请幼儿看一看、摸一摸马甲，感受马甲的质感，并引导幼儿描述空气马甲是由什么材料做成的：气泡袋。

（3）请感兴趣的幼儿试穿，说出自己的体验和感受。

2. 马甲这样做

师：这样的一件空气马甲是怎么做成的？我们一起看看，好不好？

（1）播放课件，老师讲解制作空气马甲的步骤，引导幼儿学习。

（2）将所需的全部材料摆放在桌面上，老师引导幼儿学习使用。

（3）请幼儿领取制作材料后回到座位上做好准备。

3. 小小裁缝师

师：大家都学会了！现在我们动手把家里不用的气泡袋做成一件保暖的马甲吧！

（1）老师将长方形的气泡袋对折，请幼儿参照操作。

（2）引导幼儿在对折线的中间画一个大的半圆形，在两侧画两个小的半圆形，并使用剪刀沿线剪出领口、袖口，老师给予必要的帮助，指导幼儿完成。

（3）老师将子母贴贴在气泡袋的两侧，把马甲的口袋粘贴好，在领口的下方画一条直线，并沿着直线剪出马甲的门襟，引导幼儿按照老师的示范完成。

（1）逐一出示雪人图片，老师模拟雪人墩墩和融融挥手向大家打招呼，引导幼儿回应。

（2）请幼儿观察雪人的穿衣打扮，说出雪人身上穿了哪些衣物。

（3）把两张雪人的图片并排放在一起，比较两个雪人有什么不一样，引导幼儿回答：一个有帽子，一个没有帽子。

2. 给雪人做帽子

师：原来是墩墩太粗心把帽子弄丢了，请小朋友们一起动手帮他做一个吧。

（1）老师分发制作帽子所需的材料：水果网、细绳、剪刀、双面胶，引导幼儿把它们放在桌子的左上角备用，老师讲解制作过程。

（2）拿出水果网，用细绳把水果网的一头绑紧，请幼儿跟随老师完成。

（3）用剪刀把绑好的水果网一头修剪短一些，作为帽子的帽顶，请幼儿参照修剪。

（4）在水果网的另一头贴上双面胶，并把双面胶撕下来，把贴有双面胶的水果网边缘卷起来做帽檐，请幼儿参照做出帽子的帽檐，完成作品。

3. 给雪人戴帽子

师：小朋友们真是心灵手巧呀，我们帮墩墩戴好帽子后就可以出发啦。

（1）老师给雪人模型戴上帽子，请幼儿参照帮雪人模型戴上帽子。

（2）请幼儿带着雪人模型，伴随歌曲《雪绒花》离开教室。

（1）老师在幼儿面前搓手，请幼儿摸一摸老师冰冷的手。

（2）出示一个装有暖手袋的神秘盒子，请幼儿伸手进盒子里摸一摸暖手袋，感知暖手袋的温度。

（3）从神秘盒拿出暖手袋，请幼儿再次触摸认识暖手袋。

2. 神奇暖手袋

师：暖手袋真神奇，能把小手捂得暖暖的，请小朋友们看看神奇的暖手袋是怎么制作的吧！

（1）播放视频，请幼儿观看了解制作步骤。

（2）老师拿出制作暖手袋的工具，根据视频介绍，示范如何按步骤制作暖手袋。

3. 制作暖手袋

师：学习了如何制作暖手袋，现在大家动动灵活的小手一起制作神奇的暖手袋吧。

（1）老师分发制作暖手袋所需材料：袜子、儿童安全剪刀、米、绳子，请幼儿将材料放在桌子的左上角备用，同时介绍工具的使用方法及注意事项。

（2）拿出一端绑有绳子的半截袜子，请幼儿找出与老师相同的半截袜子。

（3）将绑有绳子的袜子用拇指和食指把另一端的口打开，请幼儿参照完成。

（4）将米少量多次地装进袜子里，并用绳子绑紧另一端袜口，请幼儿参照示范完成，请助教老师协助幼儿绑紧袜口。

（5）将另一截袜子套在装有米的袜子外，请幼儿跟着做，完成暖手袋的制作。

4. 空气马甲秀

师：有趣又保暖的空气马甲已经完成啦，穿上以后很暖和哟，我们穿上自己做的马甲展示一下吧。

（1）请幼儿将废料放进垃圾桶，将工具放在指定的位置。

（2）老师在教室设置舞台的起点和终点，请幼儿穿上空气马甲走一圈，并在终点处摆出一个自己最喜欢的动作，然后回到座位坐好。

活动延伸

引导幼儿在生活中观察冬天和夏天穿的衣物，寻找旧物品进行变废为宝的改造活动。

附材料

空气马甲成品示例

活动延伸

鼓励幼儿在日常生活中发现物品缺失的部分并将其补充完整。

附材料

“雪人的帽子”成品示例

4. 使用暖手袋

师：哇，神奇的暖手袋制作完成了，用来暖暖我们的小手吧！

（1）请幼儿依次将暖手袋放进微波炉，老师设定加热时间，请幼儿观察加热过程。

（2）加热结束后，老师拿出暖手袋分发给幼儿，并引导幼儿用双手捂住暖手袋取暖。

活动延伸

在家庭中幼儿可以和家人一起寻找不同图案的袜子制作创意暖手袋，锻炼幼儿的动手能力，促进其精细动作的发展。

月主题二	冬天的童话	周主题三	馋嘴的冬天	活动领域	健康

高组	热腾腾的苹果派	侧重领域	※ 生活自理 ※ 语言表达

有益经验

1. 认识形状：圆形、半圆形、扇形、三角形、长方形。
2. 能用儿童安全刀把苹果切成粒。
3. 能把饼皮对折并用叉子压出花边。
4. 通过活动享受美食带来的快乐。

活动准备

◎课件：圆形、半圆形、扇形、三角形、长方形的苹果派图片
◎苹果、手抓饼适量
◎叉子、砧板、儿童安全刀每人 1 份
◎烤箱 1 个

活动过程

1. 认识形状

师：苹果派是一种美食，最神奇的是它可以做成各种形状，现在老师带大家一起去认一认“苹果派一家”吧。
（1）播放课件，展示不同形状的苹果派：圆形、半圆形、扇形、三角形、长方形。
（2）组织幼儿讨论自己喜欢哪种形状的苹果派。

中组	冬日热饮	侧重领域	※ 生活自理 ※ 认知

有益经验

1. 认识常见食材：牛奶、红薯、芋头、珍珠粉圆。
2. 能将蒸熟的食材用勺子碾压成泥。
3. 能用勺子将芋泥和红薯泥涂抹在杯壁。
4. 体验亲自制作热饮的快乐和与他人分享的喜悦。

活动准备

◎杯子、勺子、碗每人 1 个
◎牛奶、煮好的珍珠粉圆适量
◎蒸熟的红薯、芋头
◎提前做好的热饮

活动过程

1. 品尝热饮

师：今天老师带来了一样非常好喝的东西，小朋友们想知道是什么吗？请你们来尝一尝。
（1）老师把热饮倒入一次性杯子，分发给幼儿品尝。
（2）请幼儿说出尝到的食材名称：牛奶、红薯、芋头、珍珠（粉圆）。

低组	香喷喷的烤红薯	侧重领域	※ 生活自理 ※ 认知

有益经验

1. 认识红薯。
2. 能清洗红薯并把红薯摆放进烤盘。
3. 能双手配合剥红薯皮。
4. 享受与同伴一起制作美食的快乐。

活动准备

◎视频：展现烤红薯过程中红薯的变化
◎纸箱 1 个
◎生红薯、烤红薯每人 1 个
◎盆、篮子每人 1 个
◎烤箱 1 个

活动过程

1. 认红薯

师：快递员叔叔送来了一个包裹，老师请小朋友们来摸一摸，箱子里装的是什么东西？
（1）请幼儿摸一摸纸箱里面的生红薯，引导幼儿通过触摸感知生红薯的形状和硬度。
（2）出示烤红薯，引导幼儿先用眼睛观察烤红薯的颜色和形状，再用手摸，感受烤红薯的

2. 准备食材

师：如果要做一个漂亮的苹果派，需要什么食材呢?

（1）老师示范切苹果粒：先将苹果切成片，再将苹果片切成条状，最后将条状苹果切成粒。

（2）分发砧板、儿童安全刀和苹果，引导幼儿把苹果切成粒。

（3）引导幼儿将手抓饼切成自己喜欢的形状。

3. 制作苹果派

师：食材已经准备好啦，接下来是最关键的一步，小朋友们先来看看老师怎么做吧!

（1）老师示范制作苹果派：先用勺子把苹果粒铺在饼皮上，再将饼皮整齐对折，使饼皮完全包裹果粒，最后用叉子将饼皮边缘压出花纹。

（2）请幼儿根据示范步骤制作苹果派。

（3）把幼儿制作好的苹果派放进烤箱烘烤。

4. 品尝苹果派

师：老师已经迫不及待要品尝苹果派啦!

（1）请幼儿品尝自己制作的苹果派。

（2）引导幼儿与同伴分享自己制作的苹果派。

2. 制作芋泥和红薯泥

师：真是美味呀！可惜老师只带来了一点点，大家还没喝够吧？没关系，我们可以一起来制作。

（1）老师示范如何制作芋泥和红薯泥：把蒸熟的芋头和红薯分别放进两个碗里，用勺子的背面按压，将其碾成泥状。

（2）老师把碗、勺子、蒸熟的芋头和红薯分发给幼儿。

（3）引导幼儿根据示范步骤制作芋泥和红薯泥。

3. 制作热饮

师：能干的小朋友们把芋头和红薯都碾成泥状啦！下面我们开始制作热饮咯!

（1）老师示范如何制作热饮：首先用勺子取少许芋泥或红薯泥放到杯子内壁，然后用勺子背面将其均匀涂抹，重复操作直至芋泥和红薯泥涂满内壁，再舀入少量珍珠粉圆，最后倒入适量热牛奶，并用勺子轻轻搅拌。

（2）分发一次性杯子、珍珠粉圆和热牛奶。

（3）老师引导幼儿根据示范步骤制作热饮。

4. 品尝分享

师：漂亮又美味的热饮做好啦！让我们一起来品尝，感受一下热饮甜甜的味道吧。

（1）引导幼儿将自己制作的热饮分享给其他幼儿品尝。

（2）请幼儿简单评价其他人制作的热饮的味道。

硬度，最后再用鼻子闻烤红薯的味道。

2. 洗红薯

师：小朋友们知道美味的烤红薯是怎么做出来的吗？今天我们就一起来烤红薯，第一步是帮红薯洗白白，洗得越干净，烤出来的红薯就会越香哦。

（1）环境布置：在教室摆放 4 张桌子，把装有水的小盆放到桌子上。

（2）老师示范如何洗红薯：把红薯放进装有水的小盆里，一只手拿红薯，另一只手用手掌轻轻擦洗红薯表皮，边转边洗，清洗干净后，放入篮子里。

（3）老师引导幼儿站到水盆前面，并给幼儿每人分发 1 个红薯，请幼儿根据示范步骤清洗红薯。

3. 烤红薯

师：哇！太棒啦，能干的小手把红薯洗得真干净呀，现在我们可以进行第二步——烤红薯啦。

（1）播放视频，引导幼儿观察生红薯变成烤红薯的过程。

（2）老师请幼儿把红薯放进烤箱。

（3）烘烤红薯，引导幼儿观察并等待。

4. 吃红薯

师：香喷喷的烤红薯出炉啦，我们一起来品尝吧!

（1）老师示范如何剥红薯皮：一只手拿红薯，另一只手把红薯皮剥干净。

（2）老师把烤红薯分发给幼儿。

		（3）引导幼儿按照示范给红薯剥皮，并品尝烤红薯的味道。
活动延伸	**活动延伸**	**活动延伸**
在制作美食的活动中，增强幼儿的动手能力和对烹饪的兴趣。	在寒冷的冬季，引导幼儿制作不同的冬日美食，在提高幼儿生活技能的同时让幼儿积累制作美食的相关经验。	在日常生活中，鼓励幼儿去探索、品尝不同的食品，感受丰富的味觉刺激。

月主题二	冬天的童话	周主题三	馋嘴的冬天	活动领域	语言

高组　粮食大变身

侧重领域：※ 语言表达　※ 社交技能

有益经验

1. 能将自然食材和成品食物进行配对。
2. 能根据食材原料通过联想说出可加工成的食品名称。
3. 掌握游戏的节奏，进行美食名称接龙游戏。
4. 通过美食接龙游戏，感受游戏带来的丰富趣味。

活动准备

◎图片：大米、面粉、玉米等粮食的彩色图片各 1 张，米饭、米糕、锅巴、饭团、寿司、面条、面包、蛋糕、馒头、煎饼、玉米汁、爆米花、玉米烙、玉米糖水、窝窝头彩色图片各 1 张

◎大米、面粉、玉米适量

◎米饭 1 碗，面包 1 份，玉米汁 1 瓶

活动过程

1. 冬天备粮食

师：小朋友们都知道冬天动物要储备粮食。老师今天带来了一些粮食，我们一起来看看是什么吧！

中组　馋嘴的小老鼠

侧重领域：※ 语言表达　※ 社交技能

有益经验

1. 能认识绘本中出现的食物：葡萄、墨鱼、辣椒、柠檬、药。
2. 能说出食物的味道特征：甜的、咸的、辣的、酸的、苦的。
3. 通过角色扮演的游戏，感受角色扮演带来的乐趣。

活动准备

◎音频：老鼠的声音

◎绘本：《馋嘴的小老鼠》

◎老鼠模型 1 个

◎葡萄、墨鱼、辣椒、柠檬、药的模型各 1 个

◎篮子 5 个

◎小老鼠头饰每人 1 个

活动过程

1. 老鼠来了

师：小朋友们听听，谁来了？

（1）播放音频，引导幼儿猜测发出声音的对象。

（2）出示老鼠模型，引导幼儿模仿老鼠的叫声：吱吱吱。

低组　冬日火锅

侧重领域：※ 认知　※ 语言理解

有益经验

1. 认识常见食材：白菜、玉米、虾、鱼。
2. 能根据图片找到对应的食材模型。
3. 能参与象征性游戏，体验冬日用餐的氛围。
4. 通过寻找食材的游戏，增加对火锅食材的认识。

活动准备

◎视频：小动物煮火锅的动画

◎图片：白菜、玉米、虾、鱼的彩色图片各 1 张

◎火锅道具模型

◎白菜、玉米、虾、鱼食材模型若干

◎小篮子每人 1 个

◎托盘若干

◎提前煮好的火锅 1 份

活动过程

1. 小动物的邀请

师：冬天到了，小动物邀请我们去它家品尝美食，到底是什么好吃的呢？

（1）播放视频，并引导幼儿了解冬日美食：火锅。

（1）出示食材，引导幼儿观察并说出食材名称。
（2）老师出示食物，引导幼儿自主讨论这些食物由哪种食材做成。
（3）老师根据幼儿讨论的结果进行总结并将食物与食材进行配对：米饭——大米、面包——面粉、玉米汁——玉米。

2. 粮食大变身

师：原来这些食材可以做出美味的食物，小朋友们还吃过哪些由这些食材制作出来的美食呢？
（1）出示食材图片，引导幼儿根据生活经验思考问题，并说出食物名称。
（2）老师出示食物图片，辅助幼儿回答问题。
（3）将食物图片分别排列在相应的食材图片后，老师引导幼儿认识学习。
（4）老师打乱食物图片，点名邀请幼儿选择食物图片排列在正确的食材图片区域。

3. 食物名接龙

师：小朋友们认识了很多美味的食物，接下来我们一起来玩一个有趣的接龙游戏吧。
（1）老师和助教老师一起示范接龙游戏：两人有节奏地拍手，游戏开始。先由老师提出问题“大米能够做什么”，两人轮流说出可制作的食物名称进行接龙，直到举不出例子，游戏结束。
（2）老师引导幼儿跟随拍手节奏加入游戏，提出问题后，用手势邀请幼儿轮流进行食物名称接龙，适时出示图片进行提示。

2. 馋嘴的小老鼠

师：冬天到了，贪吃的小老鼠出来找吃的，它吃了什么呢？
（1）老师讲解绘本故事《馋嘴的小老鼠》，引导幼儿倾听。
（2）引导幼儿说出绘本故事中小老鼠吃的食物名称：葡萄、墨鱼、辣椒、柠檬、药。
（3）老师一边模仿老鼠吃食物的动作，一边描述食物的味道：甜的、咸的、辣的、酸的、苦的。
（4）出示食物图片，老师引导幼儿说出食物的味道特征。

3. 小老鼠吃食物

师：让我们一起扮演故事里的小老鼠，也去尝一尝这些食物的味道吧。
（1）老师发放小老鼠头饰并帮助幼儿佩戴，将食物模型放在不同的篮子里。
（2）老师讲述绘本故事，助教老师也佩戴小老鼠头饰扮演角色，带领幼儿演绎故事情节。
（3）当老师讲述到食物名称时，“小老鼠”们找到相应食物“品尝”，并在老师引导下用形容词描述食物特征。

4. 食物真美味

师：这么多的食物，真香啊！你们还记得刚才吃了什么吗？
（1）老师引导幼儿回顾自己吃了什么食物，并说出食物名称和味道。
（2）请幼儿摘下头饰并归还，活动结束。

（2）出示火锅道具和食材模型，老师引导幼儿认识火锅和食材：白菜、玉米、虾、鱼。

2. 买材料

师：原来小动物给大家准备了火锅大餐，那我们一起去买一些食材带过去吧。
（1）老师将小篮子逐一发给幼儿，并将食材模型摆放在桌面上。
（2）出示食物图片，老师点名邀请几名幼儿并引导幼儿根据图片从桌面上找到正确的食物模型放进自己的篮子。
（3）重复上述步骤，引导幼儿将所有食材收集齐。

3. 煮火锅

师：到小动物的家里啦，大家把食材拿出来，我们一起煮火锅！
（1）老师出示食材图片，请幼儿从自己的篮子中选择相应的食材放入火锅道具中。
（2）重复以上活动，引导幼儿按出示图片的顺序将食材全部放入火锅道具中。

4. 吃火锅

师：火锅煮好了，真香呀！我们一起来尝一尝吧。
（1）老师拿出家长提前煮好的火锅向幼儿展示。
（2）助教老师给幼儿分发餐具，引导幼儿舀出自己喜欢的食物并品尝。

4. 食物分享会

师：你们可太厉害了！能够说出这么多不一样的食物。老师带来的食物可不能浪费了，我们一起分享吧。

老师引导幼儿围桌就座，将食物分发给幼儿品尝。

活动延伸

在日常生活中，引导幼儿了解更多的食物原材料及它们可制作的美食名称。

活动延伸

在日常生活中，引导幼儿认识更多的食物特征，如香的、脆的、软的等。

活动延伸

在用餐的过程中，家长引导幼儿认识更多的食材。

月主题二 | **冬天的童话**　　周主题三 | **馋嘴的冬天**　　活动领域 | **社会**

高组	猫抓小老鼠	侧重领域	※ 社交技能 ※ 语言表达

有益经验

1. 了解猫抓老鼠的情节，能念读《小老鼠上灯台》的童谣。
2. 能与同伴配合，以一人滚球、一人用篮子盖住球的合作方式完成“猫抓老鼠”的游戏。
3. 体验游戏的乐趣，在游戏中感受认真完成一件事带来的成就感。

活动准备

◎课件:《小老鼠上灯台》的童谣
◎视频：儿歌动画《小老鼠上灯台》
◎海洋球若干
◎篮子每人 1 个

活动过程

1. 讲故事
师：小朋友们，爸爸妈妈给你们讲过《小老鼠上灯台》的故事吗?
（1）播放课件，请幼儿念读《小老鼠上灯台》的童谣。
（2）老师请幼儿进行讨论，引导幼儿表演《小

中组	美味汉堡	侧重领域	※ 社交技能 ※ 语言理解

有益经验

1. 认识汉堡及其食材组成。
2. 能与同伴合作夹“食材”制作一个“汉堡”。
3. 能通过游戏体验到与同伴合作的快乐。

活动准备

◎视频一：介绍汉堡
◎视频二：烤汉堡面包的录像
◎歌曲:《加油鸭》
◎汉堡模型 1 个
◎贴有煎鸡蛋、生菜片、鸡排图片的篮球若干

活动过程

1. 认识汉堡
师：厨师先生要和小朋友们分享他制作的汉堡，小朋友们喜欢汉堡吗?
（1）播放视频，请幼儿一起认识汉堡。
（2）老师引导幼儿认真观看汉堡的结构，请幼儿说一说汉堡都由什么食材组成。

低组	好饿的小蛇	侧重领域	※ 社交技能 ※ 粗大动作

有益经验

1. 看绘本故事，认识食物：苹果、香蕉、菠萝、三角饭团。
2. 能模仿小蛇爬来爬去的动作。
3. 会玩简单的假想游戏，表现将食物吃进肚子的场景。
4. 能通过游戏体验到角色扮演的快乐。

活动准备

◎歌曲:《好饿的小蛇》
◎绘本:《好饿的小蛇》
◎水果模型（苹果、香蕉、菠萝）、三角饭团模型若干
◎地垫 6 张

活动过程

1. 好饿的小蛇
师：今天老师给大家讲一个故事，《好饿的小蛇》。
（1）播放绘本故事，老师介绍故事的封面，引导幼儿了解故事角色、作者信息。
（2）老师讲读故事，引导幼儿指一指，说一

老鼠上灯台》的故事情节。

2. 猫抓老鼠

师：我们来看一个生动有趣的视频。想一想，如果你是这只猫，你都有哪些抓老鼠的办法？

（1）请幼儿观看视频，老师向幼儿提出“老鼠偷吃了什么”“猫是怎么做的”等问题，引导幼儿回答。

（2）老师取出一个海洋球，引导幼儿将它想象成一只老鼠，请幼儿想出抓住它的办法并说出来。

（3）请一名幼儿上前取出一个海洋球滚向老师处，老师用篮子把海洋球盖住，表示已经抓到一只老鼠。

（4）老师鼓励幼儿上前以一人滚球、一人用篮子盖住球的合作方式完成“猫抓老鼠”的游戏。

3. 游戏“猫抓老鼠”

师：咦，小朋友们已经快速掌握了抓老鼠的技巧，我们来试试能不能抓到从远处跑来的小老鼠。

（1）老师将幼儿分为两组，间距2米，面对面坐好。

（2）请扮演猫的一组幼儿分为两人一队，每人领取1个篮子，一个篮子用于盖球，另一个篮子用于装球，再请扮演小老鼠的一组幼儿每人领取一份海洋球，准备游戏。

（3）哨声响起，老师引导幼儿玩“猫抓老鼠”的游戏。

（4）老师鼓励幼儿交换角色继续游戏。

（3）出示汉堡模型，老师请幼儿表演吃汉堡，并让幼儿说一说汉堡的味道。

2. 制作汉堡

师：香香的汉堡真好吃，我们也向厨师先生学习做汉堡的本领，尝试做一个汉堡吧！

（1）展示制作汉堡的材料图片，引导幼儿认识煎鸡蛋、鸡排、生菜片。

（2）请助教老师一同示范如何制作一个“汉堡”，首先两个人面对面站好，再选一个贴有图片的篮球夹在两人的中间当作食材，最后两个人双手分别搭在篮球上并用身体把篮球夹紧，一个“汉堡”制作完成。

（3）请两名幼儿上前根据老师的示范制作出一个“汉堡”，并向大家展示。

（4）请幼儿两两为一组，一起合作制作一个“汉堡”，并尝试走动时不让“食材”掉下来，老师给予必要的协助。

3. 香烤汉堡

师：小朋友们制作的汉堡真漂亮，接下来我们要完成下一道工序哦，请大家看一看。

（1）播放烤汉堡面包的视频，引导幼儿观看汉堡面包在烤箱里转动，烤制。

（2）请组合成“汉堡”的幼儿以合适的距离排队站好，随着《加油鸭》的歌声合作沿地线走动。

（3）歌曲结束时“汉堡”制作完成，幼儿应相互抱紧站在原地等候，老师逐一走向“汉堡”闻一闻它的味道。

（4）请幼儿换不同“食材”，继续进行“香烤

说小蛇吃的食物。

2. 小蛇吃食物

师：小蛇吃的食物老师都带来了，我们也像小蛇一样来“啊呜”吃掉它们。

（1）出示一个食物模型，老师引导想吃“食物”的幼儿积极举手。

（2）老师把食物模型递给举手的幼儿，并引导幼儿作张开嘴巴“啊呜”的样子，再把食物模型放进衣服里，假装吃到了肚子里。

（3）继续引导幼儿举手，直至所有食物模型都被小朋友“吃掉”。

3. 贪吃的小蛇

师：大家品尝了一点点食物，但想要填饱肚子，我们还需要像小蛇一样努力向前爬去寻找食物哦！

（1）老师在教室的一端放置几个水果模型，引导幼儿观察。

（2）请一名幼儿从教室另一端出发模仿小蛇爬动，随着《好饿的小蛇》歌声努力向前爬行取到水果模型再爬回起点。

（3）老师引导幼儿有序排队，重复上述过程。

（4）老师引导幼儿把水果模型放进篮子里，重复游戏。

4. 趣味吃食物

师：小朋友们在游戏里表现得很棒哦！现在我们一起来分享自己喜欢的食物吧！

（1）请幼儿集中围坐在一起，老师把2篮水果模型放在中间。

（2）老师引导幼儿表演吃水果。

4. 分享游戏经验

师：有的人抓得多，有的人抓得少，抓得多的小朋友是不是有什么好方法可以分享？

（1）请幼儿上前分享“猫抓老鼠”的游戏经验，例如需要认真观察，集中注意力等。

（2）老师表扬幼儿的努力。

活动延伸

家长可以引导幼儿与伙伴玩“老鹰抓小鸡”的游戏。

附材料

“猫抓老鼠”游戏示范

汉堡”的游戏。

4. 品尝汉堡

师：“汉堡”已经烤制完成啦，我们一起来品尝吧！

（1）老师品尝“汉堡”的味道并夸赞。

（2）请幼儿之间相互分享“美味的汉堡”。

活动延伸

家长可以引导幼儿用面包、火腿和蔬菜制作汉堡作为早餐。

附材料

“制作汉堡”游戏示范

活动延伸

在语言课上，教师引导幼儿回顾绘本中小蛇吃下的 4 种食物，并说出食物的名称。

月主题二	冬天的童话	周主题三	馋嘴的冬天	活动领域	科学

高组	食物中的色素	侧重领域	※ 语言表达 ※ 生活自理

有益经验

1. 能说出食物的颜色：菠菜——绿色、南瓜——黄色、紫薯——紫色。
2. 通过动手操作，了解彩色馒头的制作过程。
3. 锻炼幼儿的手眼协调能力，提高幼儿的动手能力。

活动准备

◎视频：菠菜馒头的制作过程
◎菠菜、南瓜块、紫薯块若干
◎面粉 3 碗，清水适量
◎榨汁机 3 台
◎绿、黄、紫、白颜色馒头各 5 个

活动过程

1. 漂亮的馒头

师：小朋友们，你们吃过的馒头都是什么颜色的呀？今天老师给你们介绍个不一样的馒头，我们先看视频了解一下吧！

（1）老师播放视频，引导幼儿了解菠菜馒头的制作过程。

（2）请幼儿说一说菠菜馒头的制作过程。

中组	魔法棒棒糖	侧重领域	※ 认知 ※ 精细动作

有益经验

1. 能认识颜色：紫色、蓝色、绿色、黄色。
2. 能用棒棒糖在溶液中搅拌，观察变色现象。
3. 激发学生参与科学探索的热情，感受科学实验的乐趣。

活动准备

◎棒棒糖每人 2 根
◎一次性透明塑料杯每人 1 个
◎氢氧化钠溶液 1 瓶、高锰酸钾溶液 1 瓶

活动过程

1. 好吃的棒棒糖

师：这个棒棒糖真甜啊，小朋友们想吃吗？我带了好多的棒棒糖送给你们！

（1）老师一边吃着棒棒糖，一边拿出更多的棒棒糖吸引幼儿的注意。

（2）出示不同颜色的棒棒糖，引导幼儿认识颜色：紫色、蓝色、绿色、黄色。

低组	往上爬的白萝卜	侧重领域	※ 认知 ※ 精细动作

有益经验

1. 能认识白萝卜。
2. 能用锤子准确敲击筷子顶端。
3. 观察萝卜向上移动的现象，了解实验原理。
4. 初步感受物体的惯性，培养幼儿探索科学奥秘的兴趣。

活动准备

◎课件：白萝卜、土豆、南瓜的图片
◎白萝卜 1 个
◎切段白萝卜每人 1 份
◎玩具锤子每人 1 个
◎筷子每人 1 根

活动过程

1. 冬天的食物

师：“冬吃萝卜夏吃姜”，冬天到了，多吃萝卜身体会更棒！

（1）老师拿出白萝卜，请幼儿看一看、摸一摸，引导幼儿认识冬天的常见食物——白萝卜。

（2）播放课件，引导幼儿上前在彩色图片中正确指认白萝卜。

2. 有颜色的食物

师：绿色的菠菜可以做出绿色的馒头，你们还能说出哪些能让馒头变颜色的食材呢？

（1）老师引导幼儿思考并讨论，根据经验说出食物的颜色。

（2）老师总结幼儿讨论的答案，同时出示菠菜、南瓜块、紫薯块等食材，和幼儿一同确认颜色。

（3）点名邀请幼儿上前用手摸一摸，感受手指是否会变色，引导幼儿思考“色素藏在哪里”。

3. 食物中的色素

师：摸了有颜色的食物，可是小手没有被染色，那你们想一想馒头是怎么被染上颜色的？

（1）老师拿出榨汁机，讲解食物中存在色素的科学知识。

（2）请幼儿选择自己喜欢的颜色，根据颜色进行分组，各组成员拿取相应颜色的原材料：菠菜、南瓜块、紫薯块。

（3）老师分别请各组幼儿将食材放入榨汁机，加入清水，辅助幼儿将榨汁机拧紧扣好，开启榨汁功能。

（4）蔬菜汁榨好后，倒入装有面粉的碗中，请幼儿用筷子将蔬菜汁与面粉搅拌均匀，观察面粉的颜色变化。

（5）助教老师帮助幼儿将面粉和成团，邀请各组幼儿展示自己制成的面团。

4. 品尝馒头

师：这些彩色面团做出来的馒头是怎么样的呢？味道又如何？大家快来尝一尝。

2. 神奇的棒棒糖

师：你们相信吗？我手里的棒棒糖有神奇的能力，你们看这里！

（1）拿出氢氧化钠和高锰酸钾混合溶液（紫色），请幼儿观察并说出溶液的颜色。

（2）老师将棒棒糖放入溶液中轻轻搅拌，引导幼儿观察溶液的颜色变化（紫色→蓝色）。

（3）引导幼儿举手，点名邀请幼儿上前继续搅拌棒棒糖，其他幼儿继续观察颜色变化（蓝色→绿色）。

（4）再次点名邀请 1 名幼儿上前搅拌棒棒糖，其他幼儿观察颜色变化（绿色→黄色）。

3. 棒棒糖的魔法

师：现在你们相信了吧，这可不是一般的棒棒糖，而是有魔法的棒棒糖，你们想不想拥有？

（1）请幼儿搬椅子围桌就座，将棒棒糖和溶液发给幼儿。

（2）老师引导幼儿拆开棒棒糖的包装，将棒棒糖放入溶液中进行搅拌。

（3）每次溶液颜色变化时，老师引导幼儿停下进行观察。

（4）重复以上动作，直至溶液最终变成黄色。

4. 品尝分享

师：神奇的魔法棒棒糖沾上了杯子里的溶液，不能再吃了，但是没关系，老师还有新的魔法棒棒糖奖励给你们品尝。

（1）老师简单讲解变色实验的科学原理，收集幼儿溶液中的棒棒糖并处理。

（2）老师表扬幼儿积极参与实验的探索精神，

2. 会爬高的萝卜

师：我们都见过也吃过白萝卜，但是你们见过会爬高的白萝卜吗？

（1）将筷子插入切成段的白萝卜中间，向幼儿展示，请幼儿观察静态场景。

（2）老师出示玩具锤子，一只手抓住筷子，另一只手用玩具锤子轻敲筷子顶端，请幼儿观察萝卜沿着筷子向上移动的现象。

（3）引导幼儿举手，点名邀请幼儿上前尝试使用玩具锤子敲击筷子，其他幼儿观察萝卜的位置变化。

3. 萝卜爬高高

师：看到了吗，萝卜还有这本领呢。你们也来试试看吧。

（1）发放材料，老师示范把白萝卜段放在桌面上并用筷子从其中间插入，引导幼儿同步进行操作。

（2）请幼儿观察材料，尝试用自己的方式使萝卜向上爬。

（3）将玩具锤子发给幼儿，老师示范一手扶着筷子，另一只手拿玩具锤子敲击筷子顶端，引导幼儿模仿并操作。

（4）老师巡视指导，引导幼儿在操作过程中观察萝卜段的位置变化。

4. 萝卜爬竿赛

师：萝卜到了你们的手里也学会了爬高呢，那我们来做个小比赛吧，看看 10 秒钟内谁的萝卜爬得最高。

（1）老师请幼儿将自己的萝卜段还原到筷子

（1）老师引导各组幼儿用自己制作的彩色面团上前交换相应颜色的馒头。
（2）请幼儿品尝馒头。

活动延伸

课后家长引导幼儿发现更多含有色素的食物，如火龙果、胡萝卜等。

并拿出新的棒棒糖，发给幼儿品尝。

活动延伸

在课后尝试将不同类型的糖果放入氢氧化钠和高锰酸钾混合溶液中搅拌，探究是否会出现同样的变色现象。

底部的初始位置。
（2）老师发出“预备，开始”的指令，引导幼儿准确、快速敲击，并进行 10 秒倒计时。
（3）倒计时结束，老师请幼儿放下手中的玩具锤子，引导幼儿展示自己的萝卜往上爬的高度，相互比较。

活动延伸

课后在大人的引导下使用不同的食材进行同样的惯性实验，探究物品向上爬的原理。

月主题二	冬天的童话	周主题三	馋嘴的冬天	活动领域	艺术

高组	神奇的“魔法汤”	侧重领域	※ 语言表达 ※ 粗大动作

有益经验

1. 能说出自己喜欢的食物。
2. 能用沙锤跟随音乐的节奏演奏。
3. 能跟随音乐节奏进行歌曲创编，提高幼儿的创造能力及想象能力。

活动准备

◎视频:《老巫婆的汤》音乐动画
◎歌曲:《老巫婆的汤》
◎蔬菜、食物模型若干
◎玩具大锅 1 个
◎沙锤每人 1 把

活动过程

1. 神奇的“魔法汤”

师：小朋友们看，老巫婆给大家煮了一锅美味的汤，请大家尝尝。

中组	牛奶三明治	侧重领域	※ 语言表达 ※ 精细动作

有益经验

1. 认识常见食物：牛奶、三明治、汽水、冰激凌、馒头、烧饼、豆浆。
2. 能跟随歌曲用动作表现出食物。
3. 能一边唱歌一边有节奏地拍鼓。
4. 能感知歌曲的节奏，尝试根据歌词表演出歌曲的内容，提高幼儿的表演能力。

活动准备

◎歌曲:《牛奶三明治》
◎图片：牛奶、三明治、汽水、冰激凌、馒头、烧饼、豆浆彩色图片每人 1 套
◎牛奶、三明治、汽水、冰激凌、馒头、烧饼、豆浆的模型各 1 个
◎黑板 1 块、空纸箱 1 个
◎大堂鼓每人 1 个

活动过程

1. 神奇的箱子

师：今天老师带来了一个神奇的箱子，猜猜里面是什么呢？

低组	贪吃的小猪	侧重领域	※ 语言理解 ※ 粗大动作

有益经验

1. 能认识常见的食物：鱼、青菜、肉、汤。
2. 感知歌曲的旋律，会根据歌曲唱词找到相对应的食物。
3. 能伴随歌曲节奏与同伴进行简单的互动游戏：喂小猪吃东西。
4. 体验互动活动所带来的乐趣，增加同伴之间的情感。

活动准备

◎课件：鱼、青菜、肉、汤的图片
◎图片：鱼、青菜、肉、汤的图片每人 1 套
◎歌曲:《好饿好饿》《贪吃的小猪》
◎小猪玩偶 1 只
◎篮子每人 1 个
◎大堂鼓每人 1 个

活动过程

1. 好饿的小猪

师：寒冷的冬日里，有一只小动物肚子咕噜咕噜地叫着，我们仔细听听是谁的肚子饿了呢？

（1）播放视频，老师讲解视频内容，引导幼儿进入熬汤情境。
（2）老师提出“汤里放了什么食材”的问题，引导幼儿回答。
（3）请幼儿拿起勺子假装尝一尝汤的味道，老师引导幼儿说一说汤的味道。

2. 挑选食材

师：小朋友们觉得汤的味道怎样？如果你来掌勺，你会放什么材料呢？
（1）播放歌曲《老巫婆的汤》，请幼儿用身体动作感知音乐的节奏，老师引导幼儿在间奏部分想一想汤料食材。
（2）再次播放歌曲，在间奏部分老师让一名幼儿说出想放的食材名称。

3. 一起煮汤

师：咦，大家点的食材很棒呢！我们随着歌曲节奏把食材放进锅里吧！
（1）老师出示玩具锅和食物模型并向幼儿介绍玩具锅的用处。
（2）将食物模型和沙锤依次分发给幼儿，并让幼儿保管好。
（3）播放歌曲，老师示范煮汤，唱到歌词部分跟随音乐节奏摇动沙锤，间奏部分老师一边说出食物名称一边把食物模型倒到锅里。
（4）再次播放歌曲，请幼儿跟随歌曲前奏摇动沙锤，间奏部分老师用手指向个别幼儿，被指到的幼儿一边说出食物名称一边把食物倒到锅里，其他幼儿继续摇动沙锤。

（1）老师摇动箱子发出声响，请幼儿猜一猜箱子里的物品。
（2）播放歌曲《牛奶三明治》，随着歌词提示，老师把食物模型按顺序摆在桌面上，请幼儿观察。
（3）请幼儿指一指、说一说食物模型的名称。
（4）老师边打拍子边指向食物模型，引导幼儿有节奏地说出食物名称。

2. 食物排排队

师：有些食物宝宝一个接着一个排好队了，剩下的食物宝宝也想有秩序地排队，请大家帮帮它们。
（1）老师向幼儿讲解规则，每人手上有一套图片，歌曲唱到相应的食物时快速选取图片按顺序摆在桌面上。
（2）请幼儿领取图片，回到位置做好准备。
（3）播放歌曲，老师引导幼儿随歌曲摆放图片。
（4）邀请个别幼儿上前表演随歌曲把图片粘贴在黑板上，老师检查指导。
（5）老师引导幼儿一边指着图片，一边跟随歌曲念读食物名称。

3. 食物的样子

师：三明治是三角形的，其他食物是什么形状的呢？
（1）老师一边念读一边用手势动作表现牛奶、三明治、汽水、冰激凌、馒头、烧饼、豆浆等食物，引导幼儿观察。
（2）请幼儿学习老师的手势动作并说出其代表的食物名称。

（1）播放歌曲《好饿好饿》，请幼儿认真聆听歌曲内容，回答“是小猪的肚子饿了”。
（2）出示小猪玩偶，告诉幼儿肚子很饿的小动物是这只可爱的小猪。

2. 馋嘴的小猪

师：好饿的小猪想吃什么食物呢？我们来听一听、找一找。
（1）播放歌曲《贪吃的小猪》，请幼儿用身体动作感知音乐的节奏。
（2）再次聆听音乐，引导幼儿找出小猪喜欢吃什么食物。
（3）老师告诉幼儿小猪喜欢吃的食物，并播放课件展示食物图片，引导幼儿仿说食物名称。
（4）出示大堂鼓，老师示范随着歌曲《贪吃的小猪》的节奏拍打乐器，引导幼儿观察。
（5）请幼儿领取乐器，根据示范拍打乐器，唱到食物时仿说名称。

3. 小猪找食物

师：小猪要吃的食物可真多呀，小朋友们动动你们能干的小手来帮助它找到食物吧。
（1）老师作示范把图片散落在桌面上，随着歌曲《贪吃的小猪》的律动左右摆动身体，听到食物唱词时拿取相应的图片放进篮子里。
（2）请幼儿领取图片和篮子，回到位置做好准备。
（3）老师引导幼儿完成听音乐找食物图片的音乐游戏。

4. 小猪吃食物

师：小猪找到美味的食物了，它要跟好朋友一

4. 品尝“魔法汤”

师：魔法汤熬好了，真香啊！有谁想要尝一尝？

（1）老师依次把锅端到小朋友面前，请幼儿尝尝“魔法汤”。

（2）老师请幼儿凭想象说出汤可能是什么味道的。

活动延伸

引导幼儿替换食材的名称，如加上形容词搭配的水果名称，进行新的创编。

（3）老师随机说出一种食物的名称，请幼儿做出对应的动作。

（4）播放歌曲，请幼儿跟随歌曲一边做动作一边唱歌。

4. 精彩的演奏

师：小朋友们表现得真好，加上乐器演奏是不是会更加好听呢？

（1）老师出示大堂鼓，边敲鼓边清唱歌曲，每唱到一种食物敲一次鼓。

（2）老师给每一位幼儿发鼓，边清唱歌曲边引导幼儿根据歌曲节奏敲鼓。

（3）播放歌曲，请幼儿根据歌曲节奏敲鼓。

活动延伸

利用居家训练，引导幼儿用不同的乐器演奏音乐，加强幼儿对音乐的感知，同时加入食物的图片，增强幼儿对食物的认知和理解。

附材料

表现食物的手势动作示范

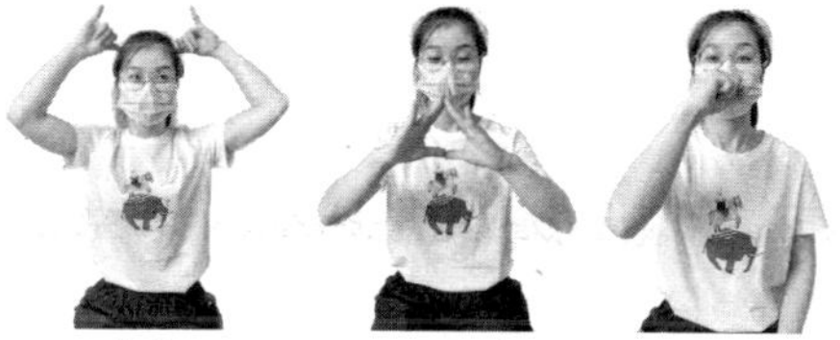
牛奶　三明治　汽水

冰激凌　馒头　烧饼　豆浆

起分享美味的食物咯。

（1）请幼儿和自己的好朋友面对面坐好，其中一人拿着食物篮子。

（2）老师引导幼儿手拉手随着歌曲旋律摆动，听到食物名称时，找到对应的图片交给同伴，代表将食物喂给对方。

活动延伸

在区角活动中投放蔬果、食物模型，引导幼儿扮演给“小动物”喂食的游戏。

月主题二	冬天的童话	周主题四	冬天乐呵呵	活动领域	健康

高组	抛雪球	侧重领域	※ 粗大动作 ※ 语言表达

有益经验

1. 能对比物品上升的高度，认识形容词：高、低。
2. 练习原地向上纵跳抛物。
3. 能与同伴完成你抛我接的游戏。
4. 培养参与体育游戏的兴趣，体验玩球的乐趣。

活动准备

◎视频一：下雪
◎视频二：堆雪人
◎乐曲：《豆豆丁》
◎白色皮球每人 1 个

活动过程

1. 认识雪

师：老师这里有一个谜语，想请小朋友们来猜一猜，这个谜语是：一片两片三四片，掉到水里看不见。

（1）播放视频一，引导幼儿观赏雪花飘落的景象，欣赏不同雪花的造型。

（2）播放视频二，引导幼儿认识雪球。

中组	雪车大战	侧重领域	※ 粗大动作 ※ 认知

有益经验

1. 能认识冬季常见的活动：滑雪、溜冰、推冰壶、打雪仗。
2. 能将坐在滑板车上的同伴推向目标物。
3. 能向前或向后滑动滑板车。
4. 能在“滑雪”的活动中体验冬天活动的乐趣。

活动准备

◎课件：滑雪、溜冰、推冰壶、打雪仗的图片各 1 张
◎视频：滑雪、溜冰等冬季进行的活动
◎感统训练器材滑板车每人 1 辆

活动过程

1. 了解冬季活动

师：好冷呀！在冷冷的冬天我们可以做什么活动来让身体变得暖暖的呢？我们一起来看一看。

（1）播放视频，引导幼儿了解滑雪、溜冰、推冰壶和打雪仗等活动。

（2）播放课件，引导幼儿根据所出示的课件

低组	海豹运球	侧重领域	※ 粗大动作 ※ 认知

有益经验

1. 能认识常见动作：爬、抱球。
2. 能双手抱球向前爬。
3. 培养参加体育活动的兴趣，体验玩球的乐趣。

活动准备

◎课件：爬、抱球动作图片
◎视频：感统游戏《海豹运球》
◎垫子 8 张
◎小皮球每人 1 个
◎箱子 2 个

活动过程

1. 认识常见动作

师：冬天来了，我们可以怎样快乐运动、快乐取暖呢？老师带你们一起去看看吧。

（1）观看课件，认识常见动作：爬、抱（球）。

（2）引导幼儿模仿动作：爬、抱（球）。

2. 学习海豹运球

师：刚刚小朋友在爬的时候，好像一只可爱的

2. 抛雪球

师：雪球又白又圆，真可爱呀！如果你有一个雪球，你会怎么玩呢？

（1）请幼儿想一想，说一说雪球的多种玩法。

（2）把皮球当作雪球，老师向上抛雪球，请幼儿观察。

（3）老师发指令，请幼儿按照指令抛接“雪球”。

（4）跟随乐曲《豆豆丁》的节奏进行抛接球：音乐 A 段双手抱球原地不动；音乐 B 段双手向上抛球。

3. 比高矮

师：小朋友们真有力气，我们来比一比谁抛得高吧！

（1）老师向幼儿发出邀请，请一名幼儿上前与老师比一比谁抛得高，引导其余幼儿观察并说出结果。

（2）老师引导幼儿两人为一组同时往上抛球，引导幼儿观察球的高度，比出高低。

（3）游戏来回进行，老师鼓励幼儿努力向上抛球，每个回合比出结果。

4. 你抛我接

师：我们用你抛我接的方法把雪球收起来吧！老师请幼儿把雪球收到指定的位置。请幼儿列纵队站好，幼儿间距 1 米。老师引导第一位幼儿把球抛给下一位幼儿，依次进行，直到把球全部收好。

图片进行指认。

2. 一起来“滑雪”

师：哇！这些活动也太有趣了吧！接下来老师邀请大家一起来“滑雪”。

（1）老师示范如何“滑雪”：老师坐在滑板车上，双手握紧滑板车的手柄，用双脚撑地往后用力使滑板车往前滑。

（2）请幼儿根据老师的示范进行“滑雪”活动。

3. 合作“滑雪”

师：“滑雪”不仅可以一个人滑，也可以两个人合作哦！而且两个人一起玩会更好玩呢，现在我们来体验一下两个人合作“滑雪”吧！

（1）环境布置：在起点处贴上绿色地标，在相距 3 米远的终点处贴上红色地标。

（2）老师与 1 名幼儿示范如何合作“滑雪”：幼儿坐在滑板车上，脚放在滑板车上，老师把滑板车从起点处推到终点处。

（3）将幼儿分成两组，第一组坐在滑板车上，第二组将滑板车从起点推到终点，进行第二次活动时交换位置。

4. “滑雪”比赛

师：小朋友们都是“滑雪”高手呀！现在我们就来进行“滑雪”比赛，选出“滑雪”最厉害的小组。

（1）将幼儿分成两组，并分别坐在教室两侧。

（2）每轮比赛每组派 2 名幼儿参赛，以合作推车的方式进行“滑雪”比赛，先到达终点的幼儿可以给本组加 1 分，比赛结束后，分数高的小组获胜。

（3）老师给参赛的队员进行点评和奖励。

小海豹呀，我们来看看真正的海豹是不是也像小朋友们一样可爱呢？

（1）观看视频，老师讲解海豹运球的动作。

（2）老师示范模仿海豹运球的方法：趴在垫子上，双手抓球，用手肘和膝盖的力量往前爬。

（3）引导幼儿根据示范学习运球。

3. 海豹运球

师：现在就让我们一起变成一只可爱的小海豹吧！

（1）环境布置：在起点处放球，赛道处铺设垫子，终点处放箱子。

（2）将幼儿分成两人一组，依次进行小组竞赛。

（3）引导所有幼儿进行集体运球比赛。

4. 海豹收球

师：小海豹们可爱又能干，今天的运球游戏结束了，现在我们把球送回家吧。

（1）引导幼儿按顺序排队。

（2）请幼儿把球放到箱子里。

活动延伸

在户外活动中，鼓励幼儿与同伴进行抛接球活动，锻炼幼儿的抛接球能力，增强上肢力量，提高幼儿身体的协调能力，培养幼儿协作的意识。

活动延伸

课后家长可带幼儿到户外进行游戏，如：跑步比赛、丢沙包等，让幼儿体验集体游戏带来的乐趣。

活动延伸

鼓励幼儿多参加团体竞赛活动，培养幼儿的规则意识、合作意识以及竞争意识，锻炼幼儿身体的协调能力。

月主题二	冬天的童话	周主题四	冬天乐呵呵	活动领域	语言

高组	描述冬天	侧重领域	※ 语言表达 ※ 认知

有益经验

1. 能认识 ABB 式词语结构，并用该结构组词。
2. 能使用 ABB 式词语描述冬天的场景：光秃秃、冷飕飕、暖烘烘等。
3. 能理解规则，与同伴进行词语抢答游戏。
4. 激发幼儿对抢答游戏的兴趣。丰富词汇量，加深幼儿对冬季的印象。

活动准备

◎课件：光秃秃的树枝、冬天发抖的人、冬天烤火的场景图各 1 张

◎视频：儿歌音乐动画《冬天到了》

◎冰块 1 杯

◎小红花贴纸若干

活动过程

1. 冬天到了

师：小朋友们眼中的冬天是怎样的呢？我们一起来看看。

（1）播放视频，幼儿一边听歌曲一边欣赏冬天

中组	快乐铲雪	侧重领域	※ 语言表达 ※ 认知

有益经验

1. 能认识动词：推、扫、铲。
2. 能理解故事内容，演绎故事。
3. 能和同伴合作将地面的“雪”清理干净。
4. 增强幼儿的合作意识及了解热爱劳动的重要性。

活动准备

◎课件一：雪花动态图片

◎课件二：推雪、扫雪、铲雪、扒雪的动态图片各 1 张

◎故事：《雪中小路》

◎白色纸屑 1 箱

◎扫把、垃圾铲、垃圾桶若干份

◎零食若干

活动过程

1. 谜语导入

师：“小白花，没人栽，随北风，遍地开，没根没叶没枝干，飘飘扬扬天上来。”小朋友们猜猜这是什么东西？

低组	冬季运动会	侧重领域	※ 语言理解 ※ 认知

有益经验

1. 能认识常见运动：跑步、踢球、跳圈。
2. 能根据出示的图片做出相应的动作。
3. 能听指令进行比赛。
4. 能通过比赛活动，感受冬季运动会带来的乐趣。

活动准备

◎课件：跑步、踢球、跳圈的动态图

◎视频一：跑步比赛的说明

◎视频二：足球比赛的说明

◎视频三：跳圈的说明

◎红色胶带 1 卷

◎跳圈 6 个、足球 2 个

◎自制奖杯 2 个

活动过程

1. 运动项目

师：冬季运动会马上开始啦，我们一起来看看有哪些项目吧。

（1）老师依次播放视频一、二、三，请幼儿

的景色。

（2）老师引导幼儿描述视频里冬天的景象。

（3）老师用“白茫茫”“冷飕飕”来描述冬天的雪景和天气，请幼儿仿说该结构词语。

2. 学习叠词

师：白茫茫，冷飕飕，这两个词语有什么特别的地方，小朋友们发现了吗？

（1）请幼儿想一想这两个词语的特点，鼓励幼儿积极发言。

（2）向幼儿讲解“白茫茫”“冷飕飕”这两个词语中都有两个相同的字。

（3）引导幼儿想一想相同结构的词语还有哪些，请幼儿说一说，老师给予表扬。

（4）出示一块冰块，请幼儿摸一摸，感知冰块。

（5）老师引导幼儿用 ABB 式词语形容冰块的特点：冷冰冰、硬邦邦、亮晶晶。

3. 趣味抢答

师：大家都学会了吗？我们要来进行词语抢答的比赛啰，看看哪个小朋友最了解冬天。

（1）播放课件，请幼儿观察并用“光秃秃”“冷飕飕”“暖烘烘”来描述图片中的内容。

（2）老师讲解游戏规则，随机出示“光秃秃”“冷飕飕”“暖烘烘”情景图片，幼儿观察图片内容，听到指令后快速举手抢答。

（3）将幼儿分成两组，以团队形式进行比赛，每轮抢答，选择最快举手的幼儿回答，并请其余幼儿对该答案进行正误判断。

（4）回答正确则奖励该组一枚小红花，回答错误则由对方进行回答，进行多轮游戏。

（1）老师念谜面，请幼儿集体讨论说出谜底。

（2）播放课件一：雪花动态图片，告诉幼儿正确答案，请幼儿观察雪花的形态。

2. 讲述故事

师：大雪纷纷下着，出门的路不见了，看看小动物是怎么做的。

（1）老师讲读故事《雪中小路》，请幼儿认真聆听。

（2）请幼儿说出小动物们是怎样清理路面积雪的，并请幼儿模拟小动物们的动作：推、扫、铲、扒。

3. 情景演绎

师：你们瞧，我们要出去的路怎么也不见了呢？该怎么办呢？

（1）用白色纸屑模拟雪，在教室里撒上“雪”，老师询问：地上到处都是白茫茫的“雪”，怎么办？请幼儿说出解决办法。

（2）播放课件二，请幼儿说出动作名称。

（3）老师引导幼儿向小动物们学习，一起合作清理教室的“雪”。

（4）请幼儿上前领取工具：扫把、垃圾铲、垃圾桶，引导幼儿合作将“雪”堆到一起，用扫把把残余的“雪”清扫成堆，最后用垃圾铲将“雪”铲进垃圾桶里。

（5）请幼儿归还工具，并整齐放置在固定的地方。

（6）老师询问幼儿刚刚是用了什么方式清理“雪”，请幼儿用语言或动作表示出来。

认真观看，初步了解运动项目。老师示范如何做动作。

（2）播放课件，引导幼儿根据动态图进行指认，并尝试模仿老师做出相应动作。

2. 运动练习

师：原来运动会的项目这么有趣啊，让我们也来进行赛前的练习吧。

（1）播放课件，点名邀请幼儿根据动态图做出相对应的动作。

（2）邀请 3 名幼儿，请他们在听到老师发出“预备开始”的口令后，根据出示的动态图依次进行动作练习，为比赛做准备。

3. 冬季运动会

师：小朋友们练习得怎么样？都准备好了吗？我们的运动会正式开始，运动员们请做好准备。

（1）老师布置环境，地面粘贴起点线和两条赛道，每条赛道距离起点 3 米，依次摆放 3 个跳圈、1 个足球，间隔足球 2 米远的位置摆放一个球门作为终点。

（2）由老师发指令，助教老师示范游戏：助教老师听到指令“跑”后从起点出发跑到跳圈处，听到指令“跳”后双脚连续跳过跳圈，听指令“踢”后将足球向前踢向球门，最后回到位置坐好。

（3）老师将幼儿平均分成两组，引导幼儿分别在起点处列队。

（4）请幼儿根据老师示范听指令进行冬季运动比赛。

4. 颁发奖品

师：游戏结束，是哪一队获得了今天抢答游戏的胜利呢？我们一起来揭晓吧！

（1）老师带领幼儿对各组的小红花数量进行清点并记录。

（2）根据小红花的数量进行奖励，并表扬幼儿认真参与游戏的行为。

活动延伸

家长可在日常生活中引导幼儿使用 ABB 式词语描述不同的事物，尝试学习和掌握更多的 ABB 式词语。

4. 快乐出门

师：哇，雪都被小朋友们清理干净了，出去的道路终于不被挡住了，一起出发去玩吧！

（1）老师组织幼儿排好队，有序地从教室后门出去在走廊走一圈。

（2）走圈结束后请幼儿从教室前门回到教室，并坐回自己的位置，老师奖励幼儿好吃的零食。

活动延伸

家长在日常生活中可邀请幼儿多参与家庭活动，加强幼儿的动手能力，增强幼儿的合作意识。

4. 颁奖仪式

（1）老师记录各队进球数量，表扬幼儿的运动精神。

（2）最后根据进球数量为各组颁发奖杯。

活动延伸

引导幼儿在生活环境中主动参与体育锻炼，尝试跑、跳等活动，在活动中家长拍摄图片、视频素材，在回看时引导幼儿认识常见动词。

月主题二	冬天的童话	周主题四	冬天乐呵呵	活动领域	社会

高组	花样跳皮筋	侧重领域	※ 社交技能 ※ 语言表达

有益经验

1. 能认识户外活动：跳皮筋、踢毽子、抽陀螺。
2. 能随音乐节奏跳皮筋。
3. 能与同伴探讨设计皮筋的不同玩法，配合完成集体跳皮筋的活动。
4. 能培养参与集体游戏的兴趣，体验游戏的乐趣。

活动准备

◎课件：跳皮筋、踢毽子、抽陀螺活动彩色图片各 1 张
◎视频一：跳皮筋的玩法示范
◎视频二：踢毽子的玩法示范
◎视频三：抽陀螺的玩法示范
◎歌曲：《跳皮筋》
◎皮筋若干

活动过程

1. 冬天的活动

师：寒冷的冬天，我们穿着厚厚的衣服，有什么运动适合冬天参与呢？

（1）老师播放视频一、二、三，引导幼儿仔细观看，初步认识适合冬季参与的户外活动。

中组	“雪球”争夺战	侧重领域	※ 社交技能 ※ 语言表达

有益经验

1. 能了解冬天下雪的气候特征。
2. 点数“雪球”数量，比较多少。
3. 能用锥桶接住滚动下来的“雪球”。
4. 能参与竞赛游戏，根据规则判断输赢。
5. 通过游戏培养竞赛意识，接受输赢结果。

活动准备

◎视频：下雪的场景
◎白色海洋球若干
◎篮子每人 1 个
◎锥桶每人 1 个

活动过程

1. 冬天的雪球

师：下雪啦！下雪啦！地上有好多的雪球，我们把它们捡起来吧。

（1）播放视频，老师将白色海洋球向教室中央上空抛出模拟下雪场景，引导幼儿观察。

低组	冰冻游戏	侧重领域	※ 社交技能 ※ 语言理解

有益经验

1. 能了解冬天水的不同形态。
2. 能执行动作指令：走、停。
3. 促进幼儿在集体环境中聆听技能的发展。
4. 能尝试在游戏中控制自己的身体，体验“冰冻人”游戏的乐趣。

活动准备

◎课件：人物走和停的动态图片各 1 张
◎乐曲：“The Freeze Game”伴奏
◎水每人 1 瓶，冰块 1 杯

活动过程

1. 认识动作

师：咦，你们看一看这两杯水有什么不一样呢？

（1）老师出示一杯水和一杯冰块，引导幼儿观察。

（2）播放课件，老师引导幼儿根据彩色图片说出活动名称，并尝试做出对应的动作。

2. 跳皮筋初体验

师：你们看，老师把皮筋带来了，我们一起尝试一下，看看哪个小朋友跳皮筋最厉害。

（1）老师拿出皮筋，请两名助教老师套在脚踝处，老师示范简单的跳皮筋动作：用开合跳的方式，双脚同时跳进皮筋中间，再同时打开双脚踩在皮筋两侧，引导幼儿观察学习。

（2）老师请幼儿站到皮筋旁边，带领幼儿尝试简单的跳皮筋游戏。

（3）点名邀请 3—4 名幼儿上前展示跳皮筋。

3. 皮筋新玩法

师：皮筋还有更厉害的玩法，老师来表演给你们看！

（1）老师展示皮筋的两种玩法：踩绳跳、马兰花，引导幼儿观察学习。

（2）老师将幼儿分成三人一组，每组发一条皮筋，老师和助教老师分别带领各组幼儿探讨设计皮筋的不同玩法。

（3）邀请各小组上前展示自己设计的玩法，老师点评并给予鼓励。

4. 集体跳皮筋

师：原来皮筋有这么多有意思的跳法！让我们一起来跳皮筋吧！

（1）播放音乐，老师跟随音乐示范较复杂的跳法：两名助教老师将皮筋套在脚踝上，老师站在皮筋右侧左脚踩进踩出三次，左右脚交替进入皮筋中间再交替跳出，然后换另一侧进行。

（2）老师带领幼儿一起将地上的“雪球”捡起来分别放进两个篮子里。

2. 雪球的数量

师：两个篮子里的“雪球”数量好像不一样，哪个多，哪个少？我们一起数一数吧。

（1）老师出示两个装有“雪球”的篮子，带领幼儿逐一点数并记录。

（2）老师引导幼儿比较“雪球”的数量，使用形容词“多”“少”进行表达。

3. 雪球争夺战

师：现在的天气最适合玩雪球了，快和小伙伴们一起体验激烈的“雪球”争夺战吧！

（1）老师邀请一名幼儿共同示范“雪球”争夺战的游戏规则：幼儿将“雪球”从倾角 30° 的桌面滚下，老师在接球区用锥桶接住滚落的“雪球”，并将“雪球”放进自己的篮子里。

（2）将幼儿安排在接球区两侧，老师负责放球，幼儿根据游戏规则练习用锥桶接“雪球”。

（3）将幼儿分成 2 组，游戏开始，一组从倾斜的桌子向下滚“雪球”，另一组幼儿用锥桶接“雪球”。

（4）两组交替位置进行游戏，将两组幼儿接到的“雪球”数量分别进行汇总。

4. 分出胜负

师：“雪球”争夺战结束了，让我们根据接到“雪球”的数量分出胜负吧。

（1）老师引导幼儿点数接到的“雪球”总数。

（2）老师记录两队的“雪球”数量，引导幼

（2）邀请幼儿伸手触摸，老师讲解水的两种形态，引导幼儿了解固态与液态的区别。

（3）播放课件，老师引导幼儿观察动态图片，老师拿出水瓶，播放动图“走”时摇动水瓶，播放动图“停”时放下瓶子。

（4）将瓶子逐一发给幼儿，再次播放动图课件，带领幼儿一起感受动态和静态。

2. 走走停停

师：冬天，水被冻住了，所以不会流动。让我们用走和停的动作来表现一下水的状态吧。

（1）老师引导幼儿拿着水瓶站在教室的地线上排队。

（2）老师发出“走”的指令，引导幼儿摇动水瓶向前走。

（3）老师发出“停”的指令，引导幼儿放下水瓶停下脚步。

（4）多次重复练习，带领幼儿在活动中执行动作指令：走、停。

3. “冰冻人”游戏

师：寒冷的冬天能把水冻成冰，是不是也能把小朋友们冰冻起来呀，让我们一起来玩“冰冻人”的游戏吧。

（1）老师请全体幼儿在地线上站好。

（2）播放乐曲，当音乐响时，老师发出指令“走”，引导幼儿跟随音乐节奏走动，当乐曲出现“Freeze”时，老师发出“停”的指令，幼儿静止不动，直到音乐结束，游戏结束。

（3）重复进行游戏，老师在“停”时带领幼儿做出不同姿势的停止动作：蹲下、举手等。

（2）老师请幼儿在皮筋一侧列队，喊口令带领幼儿跳皮筋。
（3）播放音乐，老师带领全体幼儿跟随音乐节奏跳皮筋。

5. 点评互动

师：小朋友们表现得非常棒哦！跳皮筋真是一个有趣的活动！
（1）老师邀请幼儿上台分享自己的游戏体验。
（2）点评表扬幼儿的表现，鼓励幼儿在冬天积极进行体育锻炼。

活动延伸

在课后生活中家长可以和幼儿一起玩跳绳。

儿比较雪球数量并使用形容词“多”“少”来表达。
（3）引导幼儿根据两队“雪球”的数量判断输赢，奖励胜利队伍。

活动延伸

在生活情境中拓展海洋球的不同玩法，如两人相互抛接球、打雪仗、躲避球等。

4. 分享互动

师：教室的暖气温暖了“冰冻人”们，冰块融化啦，小朋友们可以动起来啦！
（1）老师引导幼儿走回自己的位置就座。
（2）老师表扬幼儿的行为，奖励全体幼儿。

活动延伸

引导幼儿练习在集体环境中听指令做动作，如跑、跳、爬等，发展幼儿的聆听能力。

月主题二	冬天的童话	周主题四	冬天乐呵呵	活动领域	科学

高组　美丽冰盐画

侧重领域：※ 认知　※ 精细动作

有益经验

1. 了解让冰块快速融化的方法。
2. 能将盐撒在冰块上，观察冰块融化的现象。
3. 能用画笔刷蘸取水彩颜料在冰块上作画。
4. 通过冰盐画的制作，体验绘画的乐趣。

活动准备

◎冰块 8 块
◎球形冰块每人 1 块
◎热水 1 杯
◎吹风机 1 个
◎蜡烛 1 根
◎勺子 1 个
◎盐 1 包
◎小碗每人 1 个
◎颜料、笔刷每人 1 份

活动过程

1. 观察冰块融化

师：今天老师来给小朋友们变一个魔术。

（1）出示第一块冰块和一杯热水，并引导幼

中组　爱跳舞的雪宝宝

侧重领域：※ 认知　※ 语言理解

有益经验

1. 了解冬天下雪的现象。
2. 能把保鲜膜包在小碗上。
3. 尝试发出不同音量的声音，观察声音引起的振动现象。
4. 通过物理实验感受探索的乐趣。

活动准备

◎视频：冬天下雪的场景
◎盘子 1 个
◎盐适量
◎白糖适量
◎碎纸屑适量
◎碗每人 1 个
◎保鲜膜 1 卷

活动过程

1. 生活中的“雪”

师：有人用“撒盐空中差可拟”比喻冬天的雪像是把盐撒向空中，你们看一看。

低组　魔法雪花

侧重领域：※ 认知　※ 精细动作

有益经验

1. 认识冬天的常见事物：雪花。
2. 能将颜料瓶中的颜料滴入白乳胶中。
3. 能用蘸取洗洁精的棉签点在色素上，观察色素的扩散现象。
4. 通过实验，激发幼儿对科学探究的兴趣。

活动准备

◎视频：雪花飞舞的场景
◎雪花模型 1 个
◎白乳胶每人 1 瓶
◎一次性盘子每人 1 个
◎不同颜色色素若干
◎洗洁精每人 1 碟
◎棉签 1 包

活动过程

1. 美丽的雪花

师：小朋友们见过冬天的雪花吗？雪花是什么样子的？

儿触摸和观察冰块状态。

（2）老师把热水倒到冰块上面，让幼儿观察冰块遇热水融化的过程。

（3）出示第二块冰块，引导幼儿讨论如何快速让冰块“消失”。

（4）老师请个别幼儿上前表演融化冰块：用小手捂住融化冰块；用吹风机热风融化冰块；把放有冰块的勺子放在点燃的蜡烛上方烤。

2. 做实验

师：还有一种方法也可以让冰块加速融化哦！现在就一起来试试看吧！

（1）出示盐和冰块，老师将盐撒在冰块上，请幼儿观察冰块融化的现象。

（2）将装有球型冰块的碗和盐分发给幼儿，请幼儿把盐撒在冰上进行观察。

3. 冰盐画

师：冰块遇到盐会发生神奇的变化，如果再加上一些颜料会不会更漂亮呢？

（1）老师用笔刷蘸取颜料并示范将颜料刷在冰块上，请幼儿观察颜料渗透进冰块中的现象。

（2）将颜料及笔刷分发给幼儿，引导幼儿根据示范制作冰盐画。

4. 展示作品

师：现在这个冰块也太美了吧，快把你们做的冰盐画展示给大家！

（1）引导幼儿逐一上前介绍自己制作的冰盐画。

（2）老师夸奖幼儿的作品，引导其他幼儿欣赏并鼓掌。

（1）播放视频，请幼儿观看视频认识下雪的景象。

（2）出示盐，老师抓一把盐从空中撒向盘子，请幼儿观察并与雪景进行对比。

（3）老师根据视频画面描述雪的形态，引导幼儿想一想生活中还有哪些物品与雪相似：白糖、碎纸屑等。

（4）出示幼儿所描述的物品，并点名邀请幼儿在盘子中演示“下雪”的场景，引导其他幼儿观察。

2. 爱跳舞的“雪”

师：你们见过爱跳舞的“雪”吗？老师这里就有。

（1）出示材料，用盐来代表雪，老师将保鲜膜包裹在碗口，放上适量的盐，请幼儿观察静态的盐。

（2）老师靠近碗口，发出声音，通过声波引起保鲜膜振动，引导幼儿观察盐粒的动态。

（3）请幼儿举手，老师点名邀请幼儿上前尝试发出声音使盐粒跳动，其他幼儿观察声波振动的现象。

3. 我唱歌，“雪”跳舞

师：看，这些“雪宝宝”真的会跳舞，接下来的时间交给你们，请你们为爱跳舞的“雪宝宝”伴奏吧！

（1）老师介绍所需材料，将材料逐一发给幼儿。

（2）引导幼儿根据老师的示范将保鲜膜包裹在碗口，放上适量的盐作为“雪宝宝”。

（3）请幼儿靠近自己的小碗，对着碗口发出

（1）播放视频，引导幼儿观察，初步了解雪花的形态。

（2）出示雪花模型，老师引导幼儿认识雪花的形态。

2. 特别的“雪花”

师：冬天的雪花是白色的，但今天我想带领小朋友们变出一些特别的、彩色的“雪花”。

（1）老师往盘子里的白乳胶滴入3滴色素，用蘸有洗洁精的棉签轻点色素，引导幼儿观察色素扩散的现象。

（2）点名邀请几名幼儿，用蘸有洗洁精的棉签轻点其余色素，使其扩散，呈现出“雪花”的形状。

3.“雪花”一片片

师：特别的“雪花”真美丽，小朋友们来动手试试吧！

（1）老师将材料逐一分给幼儿，示范把白乳胶挤在盘子中，引导幼儿同步进行操作。

（2）取出色素，老师将色素分散滴在白乳胶上，引导幼儿选择自己喜欢的颜色，跟随老师示范同步操作。

（3）老师拿出棉签蘸取洗洁精，随后轻点在色素位置，观察色素扩散变化，引导幼儿跟随老师进行实验。

4. 五彩的“雪花”

师：五彩的“雪花”制作好啦，来和自己制作的“雪花”合影纪念吧！

（1）引导幼儿和自己制作的“雪花”拍照合影。

（2）老师引导幼儿收拾整理实验材料。

活动延伸

引导幼儿在生活中制作不同形状的冰块，并用课堂所学的方式制作不一样造型的冰盐画。

附材料

冰盐画示例

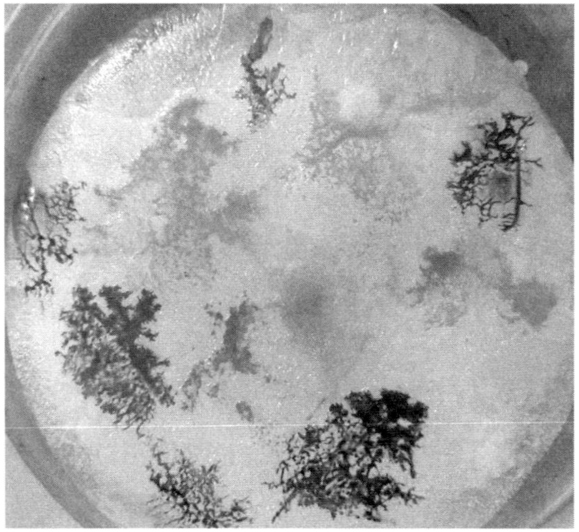

声音，使“雪宝宝”跳舞。

（4）重复实验，老师引导幼儿发出不同音量的声音，并观察区别。

4. 跳舞吧“雪宝宝”

师：快来快来，我们一起让这些“雪宝宝”尽情舞蹈吧。

（1）老师请幼儿围站在同一个碗的周围。

（2）发出指令，请幼儿共同发出声音并一起观察盐粒跳动的现象。

活动延伸

幼儿回到家里和爸爸妈妈一起做声音振动的实验，观察其他材料是否会出现“跳舞”的现象。

活动延伸

鼓励幼儿在课后大胆尝试用不同的颜色搭配出最独特的“雪花”作品，打开幼儿的艺术视野，让幼儿感受艺术的魅力。

附材料

“五彩的雪花”示例

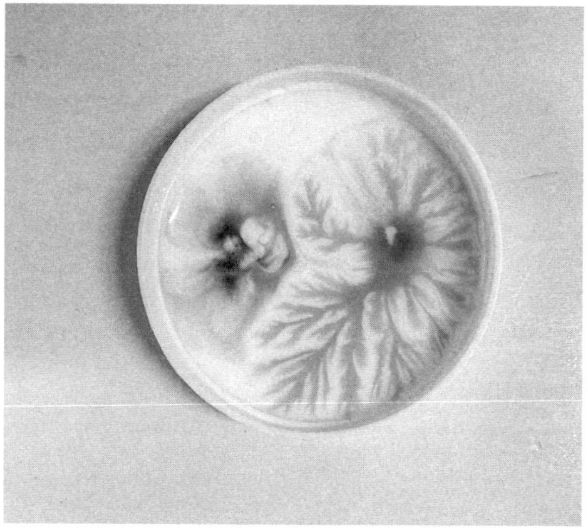

月主题二	冬天的童话	周主题四	冬天乐呵呵	活动领域	艺术

高组	彩色礼炮	侧重领域	※ 精细动作 ※ 语言表达

有益经验

1. 能认识新年及新年常见的物品。
2. 能将卡纸粘贴在纸筒表面。
3. 能体验自制礼炮手工活动的快乐，感受冬天节日的快乐。

活动准备

◎视频：过年时的热闹场景和准备过节的活动
◎歌曲：《新年好》
◎气球、卫生纸筒每人 1 个
◎剪刀、双面胶、透明胶每人 1 份
◎红色卡纸每人 1 张、长度与纸筒底部周长相当的黄色纸条每人 2 张
◎五颜六色的卡纸若干
◎手工礼炮成品 1 个

活动过程

1. 认识节日

师：在冬天里，我们要庆祝一个很重要的节日，大家知道是什么节日吗？

中组	会滑雪的企鹅	侧重领域	※ 精细动作 ※ 认知

有益经验

1. 能认识冬季运动项目：滑雪、溜冰。
2. 能在纸杯上绘制企鹅并上色。
3. 能使用胶水将企鹅的身体部位粘贴好。
4. 通过综合运用闲置材料制作作品，体验变废为宝的成就感。

活动准备

◎课件：滑雪、溜冰动态图片，企鹅滑雪的图片
◎“企鹅滑雪”的成品 1 个
◎黑色彩色笔、胶水、托盘每人 1 份
◎企鹅“身体”的手工材料：白色纸杯每人 1 个
◎企鹅“腿”和“脚”的手工材料：纸棉签棍每人 2 根，橙色椭圆纸片每人 2 片
◎企鹅“手”的手工材料：三角形小卡纸片每人 2 片
◎滑雪板的手工材料：雪糕棍每人 2 根
◎滑雪杖的手工材料：牙签每人 2 根
◎滑雪场：贴有棉花的圆形卡纸每人 1 张

活动过程

1. 冬季运动

师：寒冷的冬季里，不怕冷的运动健将在运动呢，我们一起来看看他们都在干什么吧。

低组	雪花风铃	侧重领域	※ 精细动作 ※ 认知

有益经验

1. 认识雪花，初步了解雪花的形状特征。
2. 能将扭扭棒扭成雪花的形状。
3. 能双手配合有序地串珠子，做出雪花风铃的造型，并挂上铃铛。
4. 在制作风铃的活动中，初步体验排序的乐趣。

活动准备

◎课件：雪花动态图
◎视频一：儿歌动画《小雪花》
◎视频二：串珠雪花的制作步骤
◎歌曲：《雪花纷飞》
◎彩色串珠、铃铛每人 1 份
◎扭扭棒每人 3 根
◎雪花风铃成品 1 个

活动过程

1. 雪花飘飘

师：小雪花，小雪花，飘下来，像朵花。请小朋友们来看一看吧。

（1）播放视频，请幼儿观看。
（2）请幼儿思考并说出视频里在庆祝什么节日及节日常用的物品有什么。

2. 礼炮展示

师：有一种用来庆祝新年的、会发出声响的物品，你们知道是什么吗？
（1）出示手工礼炮成品，请幼儿观察礼炮的结构组成和基本特征，以及制作礼炮需要用到的材料。
（2）老师拉动气球放礼炮，请幼儿听礼炮的声响，观察礼炮中碎纸掉落下来的形态，感受节日的气氛。

3. 制作礼炮

师：小朋友们也给自己制作一个有趣的礼炮吧，看看老师是怎么做的。
（1）出示制作礼炮所需的材料，并请幼儿简单说一说每种材料的作用。
（2）老师分发材料，请幼儿统一放在桌子的左上角备用。
（3）老师引导幼儿参照示范操作，用剪刀将气球底部剪掉，然后将剪掉的底部扔掉，另外一半留着备用。
（4）老师引导幼儿将剪好的气球套在卫生纸筒的一端，用透明胶将气球固定在卫生纸筒上。
（5）请幼儿在红色卡纸的两端贴上双面胶，并粘贴在卫生纸筒上。在两张黄色纸条上贴上双面胶，分别将它们贴在纸筒的两端，老师给予必要的帮助。

（1）播放课件，老师介绍冬季运动项目：滑雪、溜冰。
（2）请幼儿模仿冬季运动项目的动作，说一说运动项目的名称。

2. 企鹅滑雪

师：滑雪项目要开始了，是哪个小可爱带着滑雪工具登场了呢？
（1）播放课件，请幼儿仔细观察企鹅滑雪。
（2）出示“企鹅滑雪”的手工作品，请幼儿看一看。
（3）老师引导幼儿指一指、说一说作品由哪几部分组成：身体部分、滑雪杖和滑雪板。

3. 制作企鹅

师：你们想不想拥有一只这么可爱的企鹅呢？那跟着老师来完成吧！
（1）老师按照顺序逐一出示材料，详解介绍材料用在企鹅身上的部位，并摆在桌面上。
（2）请幼儿拿托盘上前领取手工材料，做好准备。
（3）引导幼儿在纸杯上画出脸蛋部分，其余部分作为企鹅身体涂成黑色，请幼儿参照老师的示范涂画。
（4）老师在留白的脸蛋部分画上五官，请幼儿动手画出企鹅的五官。
（5）将脚和腿用胶水固定好，老师指导幼儿完成。
（6）蘸取胶水将手的材料贴在杯子的两侧，手的位置插上牙签作为滑雪杖，老师引导幼儿按步骤完成。

（1）播放视频一，请幼儿观看雪花飘落下来的形态，同时老师讲解视频中的内容。
（2）播放课件，请幼儿上前指认雪花或说出雪花名称。

2. 雪花风铃

师：丁零丁零！你们看，雪花变成了漂亮的风铃。
（1）出示成品雪花风铃并摇动，引起幼儿关注，请幼儿仔细聆听风铃摇动的声音。
（2）请幼儿触摸，感知认识风铃。

3. 制作风铃

师：雪花风铃真好看，我也想做一个送给我的好朋友呢，你们要跟老师一起做吗？
（1）播放视频二，老师向幼儿介绍雪花风铃的颜色、形状以及制作需要用到的材料。
（2）老师示范：首先把3根扭扭棒缠起来，扭成雪花的形状，接着在每根扭扭棒上穿上适量的彩色珠子，然后在最后一颗彩色珠子的后面加上一个铃铛，最后将扭扭棒的末端反向折叠固定住铃铛，完成手工雪花风铃。
（3）老师将手工材料逐一分发给每一位幼儿，请幼儿根据示范完成手工制作，老师适当给予辅助。

4. 摇风铃

师：小朋友们的小手真巧，做的风铃这么漂亮，我们一起来摇摇这漂亮的风铃吧！
（1）播放歌曲《雪花纷飞》，老师边听音乐边摇风铃。
（2）请所有幼儿跟随老师一起边听歌曲边摇

（6）老师将五颜六色的卡纸剪碎放进制作好的礼炮筒里，请幼儿参照完成。

（7）制作完成后，请幼儿收拾桌面上的物品，并把剪刀放好。

4. 一起放礼炮

师：漂亮的礼炮完成了，我们一起放礼炮吧！

（1）老师播放音乐《新年好》，请幼儿准备放礼炮。

（2）老师引导幼儿向下拉伸气球再松手，观察碎纸片从礼炮筒中射出。

活动延伸

鼓励幼儿使用工具制作其他色彩丰富的新年物品或冬季物品，提高幼儿动手制作的能力，同时让幼儿感受了解中国传统文化和民族风俗。

附材料

手工礼炮示例

（7）老师在雪糕棍中间涂上胶水把“企鹅腿”粘上去，请幼儿模仿完成。

（8）最后，把纸杯盖在“企鹅腿”上，完成作品。

4. 企鹅运动员

师：企鹅运动员做好了，带上它一起去滑雪吧。

（1）请幼儿将自己做的企鹅放在“滑雪场”上，模拟滑雪。

（2）老师与幼儿一同欣赏作品。

活动延伸

鼓励幼儿使用闲置或废旧材料进行大胆的创作，提高幼儿的动手能力和创造能力。

附材料

“企鹅滑雪”手工制作主要步骤

风铃。

活动延伸

引导幼儿用各种串珠制作其他的冬天物品，锻炼幼儿的手眼协调能力和精细动作。

附材料

雪花风铃示例

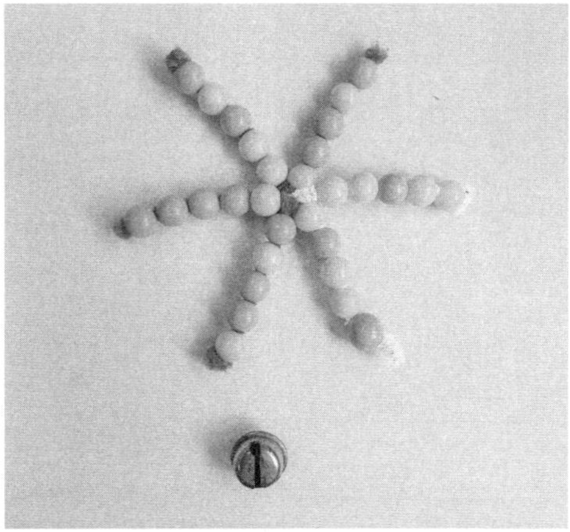